# 草原旅游地创意旅游开发研究

宋河有 著

西北工業大學出版社

西 安

【内容简介】 本书内容包括导论、创意旅游理论解析、草原旅游地文化资源盘点与创意旅游开发动力、草原旅游地创意旅游产品的实践设计思路、草原旅游地创意旅游开发中的产业链延伸、草原旅游地创意旅游开发的社区融入、草原旅游地创意旅游的主题化开发、草原旅游地创意旅游开发的支持与保障体系等8章内容。

本书可作为相关专业以及从事相关职业的人员参考。

**图书在版编目（CIP）数据**

草原旅游地创意旅游开发研究 / 宋河有著. — 西安: 西北工业大学出版社, 2021.9（2025.1 重印）
ISBN 978-7-5612-7986-1

Ⅰ. ①草… Ⅱ. ①宋… Ⅲ. ①草原－旅游资源开发－研究 Ⅳ. ①F590.31

中国版本图书馆 CIP 数据核字(2021)第 197241 号

CAOYUAN LÜYOUDI CHUANGYI LÜYOU KAIFA YANJIU
草 原 旅 游 地 创 意 旅 游 开 发 研 究

---

责任编辑：付高明
责任校对：李阿盟
出版发行：西北工业大学出版社
通信地址：西安市友谊西路 127 号　　邮编：710072
电　　话：（029）88493844　88491757
网　　址：www.nwpup.com
印 刷 者：北京市兴怀印刷厂
开　　本：710 mm×1 000 mm　1/16
印　　张：10.25
字　　数：170 千字
版　　次：2022 年 1 月第 1 版　　2025 年 1 月第 2 次印刷
定　　价：79.00 元

---

如有印装问题请与出版社联系调换

# 序　言

创意旅游（Creative Tourism）是旅游业与文化产业、创意产业相融合而产生的新兴旅游业态。作为一种旅游形式，创意旅游已经在全世界范围内投入实践，但理论研究仍显滞后。在内蒙古草原旅游地，草原文化资源丰富多样，但在创意旅游开发实践方面尚显不足，且研究比较匮乏。本书根据草原旅游地文化资源的特性，系统梳理和研究草原文化创意旅游开发利用问题，具有一定的理论研究价值和现实指导意义。

创意旅游这个名词正式走进我的视野是在2014年4月。至今我仍然清晰记得，当时我在阅读到《北京第二外国语学院学报（旅游版）》2014 年第 3 期上刘春济和高静合作撰写的一篇名为“论创意旅游发展及其需要处理的几对辨证关系”的论文时，眼前一亮，觉得创意旅游这个旅游专业名词特别有吸引力。于是我精读了这篇文章，发现作者分析和提出创意旅游相关研究还有很多亟待深入剖析的问题。随后，我在申请 2014 年度内蒙古哲学与社会科学规划项目时，就以“创意旅游视角下草原非物质文化资源深度开发研究”为课题名称进行了申报。2014 年 7 月，该课题成功获得立项资助，成为当年的青年基金项目。按照当年的政策要求，如果以系列论文形式结题则要求公开发表至少 3 篇论文，其中至少有 1 篇论文发表在核心期刊上。由于之前阅读刘春济博士的那篇文章给了我很多启发，我觉得围绕创意旅游问题可以写出很多篇文章。于是在 2014 年的暑假里，我用一个多月时间一口气撰写完成了 5 篇论文。之后又陆续完成了 3 篇，其中还有一篇翻译成了英文发表。从 2014 年 8 月至 2018 年 10 月，我先后完成并发表了 8 篇以创意旅游为研究主题的中文论文和 1 篇英文论文，其中包含核心期刊论文 3 篇。其中 2015 年 9 月发表在《西南民族大学学报（人文社会科学版）》第 9 期的“创意旅游开发视角下草原非物质文化产业链延伸研究——以蒙古族“男儿三艺”为例”一文成为了我正式发表在 CSSCI 来源期刊的开端之作。

在我撰写并发表一系列创意旅游研究相关学术论文的同时，创意旅游开发理念也在我心中发芽并生了根。我在随后几年时间里参与一些纵向课题或横向旅游策划与规划时，常常都会提出和设计创意旅游活动项目。2018 年 7 月底，内蒙古哲学与社会科学规划办邀我撰写完成了一篇政府决策咨询报告，题目为“内蒙古草原旅游景区‘孤岛’现象的破解途径”。在这篇咨询报告中，我也重点提出在草原旅游景区与草原社区进行旅游开发时应着重推出创意旅游项目。可见，创意旅游开发理念已经成为我心中至关重要的一种理念，并伴随我不断前行。

本书的撰写一方面是对我五年来围绕创意旅游主题展开思考和研究的一系列成果和思想的归纳总结，另一方面也是在我完成第一本专著基础上进行的进一步尝试。在 2014 年之前，我用大量精力关注了旅游中心城市发展问题，此后我开始着重关注内蒙古地区草原旅游开发和民族旅游问题。但是，由于我对草原旅游地、草原文化、蒙古族文化了解还比较有限，而且实施的实地调研不够全面深入，自我感觉尚有肤浅之处，所以有些涉及到内蒙古本土文化的内容未免有些不敢妄下断言。同时，本书也借鉴了不少的国内外相关研究成果，在此对相关作者致以谢意。囿于作者知识水平有限，而且对草原旅游地文化的了解不够深入，所以在本书中不免有些不当之处，肯定读者批评指正！

宋河有

# 目 录

第一章 导论……1
第一节 现实背景……1
第二节 理论背景……4
第三节 研究对象与目的及价值……17
第四节 研究思路与方法及内容……20
第二章 创意旅游理论解析……24
第一节 创意旅游的概念与内涵解析……24
第二节 创意旅游的典型特征……29
第三节 创意旅游产品形态……32
第四节 创意旅游的发展模式与运行机制……37
第三章 草原旅游地文化资源盘点与创意旅游开发动力……43
第一节 草原旅游地文化相关概念与类型……43
第二节 内蒙古草原旅游地代表性文化资源盘点……46
第三节 草原旅游地创意旅游开发动力分析……68
第四章 草原旅游地创意旅游产品的实践设计思路……75
第一节 草原旅游地创意景观展示的实践设计思路……75
第二节 草原旅游地创意空间的实践设计思路……80
第三节 草原旅游地创意旅游活动的实践设计思路……84
第五章 草原旅游地创意旅游开发中的产业链延伸……89
第一节 创意旅游的产业楔入……89
第二节 草原文化创意旅游产业链拓展：以蒙古族 “男儿三艺”为例……92
第六章 草原旅游地创意旅游开发的社区融入……103
第一节 草原旅游地创意旅游开发的社区融入必要性……103
第二节 草原旅游地创意旅游开发的社区融入要素与模式……111

第三节　草原旅游地创意旅游开发的社区融入机制与要求……………………116
第四节　草原旅游地创意旅游开发的社区利益保障机制…………………………120

**第七章　草原旅游地创意旅游的主题化开发**……………………………………125

第一节　创意旅游与主题旅游的融合……………………………………………125
第二节　草原旅游地文化主题创意旅游开发实践设计：以马文化为例…133

**第八章　草原旅游地创意旅游开发的支持与保障体系**…………………………139

第一节　草原旅游地创意旅游开发的支持体系……………………………………139
第二节　草原旅游地创意旅游开发中的文化生态保护……………………………142
第三节　草原旅游地创意旅游开发的保障体系……………………………………148

**参考文献**……………………………………………………………………………156

**后记**…………………………………………………………………………………158

# 第一章 导 论

## 第一节 现 实 背 景

### 一、创意经济时代已经来临

自 20 世纪 90 年代以来，创意产业、创意国家、创意城市、创意阶层等一系列与创意相关的概念相继出现。随着全球经济的快速发展，创意产业迅速崛起，并且不断与其他产业进行渗透和融合，催发出了更多的创意产业新业态。创意产业（Creative Industry）概念最初由英国政府在 1998 年 11 月的《创意产业路径文件》中第一次明确提出。随后将创意产业定义为：源于个人创造性、技能与才干，通过智力资产的开发，具有创造财富和增加就业机会潜力的产业[①]。创意产业发展的根本理念是以文化和创意为核心，具有低投入和高产出的特点，有助于优化区域产业结构，促进区域整体长远发展。进入 21 世纪以后，文化创意和科技创新正在成为现代经济增长的双重引擎，并且创意思维、创意经济对世界发展的引领作用越来越明显。创意产业是智能化、知识化的高附加值产业，具有很强的渗透力和辐射力，是后工业化时代消费经济崛起，体验经济、知识经济催生的产物，是 21 世纪最有发展前景的朝阳产业，也是推动全球经济增长和自主创新的强大动力。在创意经济时代来临之际，旅游业与创意产业的深度融合正在逐步增强，以创意为内核的创意旅游经济形态正在表现出越来越强劲的发展势头。

### 二、创意旅游实践在国际上方兴未艾

作为创意产业和文化旅游相结合的新型模式，创意旅游为世界上各国的文化经济发展提供了创新思路和实现手段。自创意旅游（Creative Tourism）作为学术概念在 2000 年被新西兰学者格雷 · 理查德（Grey Richards）和克里斯宾 · 雷蒙德

---

① 张玉蓉，郑涛．创意旅游：理论与实践[M]．成都：西南财经大学出版社，2014：3．

（Crispin Raymond）正式提出来之后，这一特殊的旅游形式很快就引起了联合国教科文组织、世界旅游组织和欧盟旅行委员会等国际组织的关注。在国际上最早将创意旅游理论付诸实践的是新西兰，随后英国、美国、法国、西班牙、新加坡、澳大利亚、韩国、日本、南非、加拿大等多国也迅速展开了实践运用。他们不但制定了创意旅游发展战略，而且正逐步将其渗透于旅游业发展的各个层面。创意旅游的产生与创意产业的兴起以及旅游需求的变化密切相关。创意旅游使传统的观光旅游走向深度体验旅游，使旅游者从旁观者变为参与者，充分提高了旅游附加值，增加了旅游体验深度。创意旅游顺应了21世纪旅游需求的变迁趋势，其发展正在呈现加速之势。

## 三、创意旅游实践在国内稳步升级

我国的创意旅游实践起步相对较晚，但发展势头强劲。进入21世纪以后，由于受到国际的影响，国内的创意旅游实践也开展了不少，在全国很多城市和地区都纷纷尝试开展不同层次的创意旅游开发。例如北京的798艺术区、上海的M50创意园、杭州宋城等都是典型代表，其中最具影响力的是“印象系列”[①]。“印象·刘三姐”“印象·丽江”“印象·西湖”已经成为国内最具代表性和影响力的大型实景演艺旅游产品。随后，同类产品在全国很多省区内纷纷涌现。以“印象系列”为代表的民族文化展演，北京上海等城市出现的创意产业园，以及一些地区尝试开发设计的创意旅游活动，这些国内涌现出来的代表性案例充分反映了创意旅游在我国正在兴起。随着近年我国日益重视旅游业与文化创意产业的融合发展，创意旅游实践在国内正在稳步升级。

## 四、中国旅游业迎来了前所未有的发展机遇

改革开放以来，中国旅游业整体上取得了飞速发展。尤其是进入21世纪以后，伴随着中国经济的持续快速发展，旅游业也迎来了一个又一个新的发展机遇。2009年12月1日，国务院以国发〔2009〕41号文件印发《关于加快发展旅游业的意

① 原勃，白凯．创意旅游理论及实践[J]．城市问题，2008（11）：99．

见》[①]，提出把旅游业培育成国民经济的战略性支柱产业和人民群众更加满意的现代服务业的宏伟目标。在 2016 年 1 月 29 日的“全国旅游工作会议”上，中国国家旅游局局长李金早提出“转变旅游发展思路，推动从‘景点旅游’向‘全域旅游’转变。”这标志着全域旅游发展的序幕在中国正式拉开。2016 年 5 月 26 日在浙江省桐庐县召开的全域旅游创建工作现场会，标志着中国旅游业全面进入了全域旅游时代。2018 年 3 月 22 日国务院办公厅印发《关于促进全域旅游发展的指导意见》[②]，这标志着全域旅游成为国家战略。这是大众旅游时代，我国旅游业发展战略的一次重要提升。2018 年 1 月 2 日，《中共中央国务院关于实施乡村振兴战略的意见》由中共中央、国务院发布并开始实施。其中旅游业在助力乡村振兴战略实施和推进过程中发挥着越来越重要的作用。2018 年 3 月 19 日，十三届全国人大一次会议第七次全体会议经投票表决，决定原文化部党组书记、部长雒树刚为文化和旅游部部长。原文化部与国家旅游局不再保留，国家旅游局与文化部合并，组建文化和旅游部。这为进一步统筹文化事业、文化产业发展和旅游资源开发，推动文化事业、文化产业和旅游业融合发展奠定了行政基础。伴随着国家出台的一系列鼓励和支持旅游业发展的国家战略和政策以及旅游主管机构改革，旅游消费者的个性化旅游需求也正在向追求体验转变，中国的旅游业迎来了前所未有的发展机遇。文化旅游和以文化为内核的创意旅游将迎来更加广阔的发展前景。

## 五、草原旅游业发展正面临转型升级的难题

2009 年国务院发布的《关于加快发展旅游业的意见》明确指出：中西部和边疆民族地区要利用自然、人文旅游资源，培育特色优势产业；村镇规划要充分考虑旅游业发展需要。经过几十年的发展，我国的草原旅游业已经尝试从单一的草原观光游向草原文化体验游转型。内蒙古有 13 亿亩草原，占全区面积的 73.26%，

① 国务院．关于加快发展旅游业的意见[EB/OL]．中华人民共和国中央人民政府网：http：//www．gov．cn/zwgk/2009-12/03/content_1479523．htm．

② 国务院办公厅．关于促进全域旅游发展的指导意见[EB/OL]．中华人民共和国中央人民政府网：http：//www．gov．cn/zhengce/content/2018-03/22/content_5276447．htm．

可利用面积居全国首位。但对草原旅游资源的开发及其研究还处于初级阶段。目前内蒙古草原文化资源在草原旅游中得到了一定开发，但由于草原地区普遍缺乏旅游专业人才，致使旅游开发深度远远不够，大多停留在表面参与层次。草原文化旅游给游客留下的体验深度不够，而且本区域内部的雷同化竞争比较明显。无论是草原旅游景区还是分布在牧区的乡村旅游接待户，都存在草原文化与草原旅游业融合深度不够的问题。从创意旅游视角对草原文化尤其是非物质文化进行保护性开发，实现与旅游业深度融合应该是未来的发展趋势。

## 第二节 理论背景

### 一、国外创意旅游研究进展

#### （一）创意旅游概念的提出

创意旅游（Creative Tourism）一词最早由皮尔斯（Pearce，D. G）和布特勒（Butler, R. W）于 1993 年在其合著的《旅游研究：批判与挑战》（Tourism Research: Critiques and Challenges）一书中提到，认为这是一种有潜力的旅游形式，但是他们并没有对创意旅游的内涵做出具体的界定[①]。2000 年，在欧洲旅游与休闲教育协会（Association for Tourism and Leisure Education，简称 ATLAS） 在葡萄牙举行的一次寒假学术交流活动讨论会议上，新西兰的格雷·理查德（Greg Richards）和克里斯宾·雷蒙德（Crispin Raymond）将创意旅游作为正式的学术概念率先提出[②]。他们认为创意旅游是指旅游地通过为游客提供机会参与具有目的地特色的文化或技能学习活动，加以主客互动和发挥游客的创意潜能，以此加深游客对旅游目的地文化体验感受的一种旅游活动形式。

#### （二）创意旅游研究进展

创意旅游是在世界范围内普遍兴起的创意产业大背景下涌现出来的新兴旅游

---

① 参见：Pearce，D. G.，& Butler，R. W. Tourism Research：Critiques and Challenges [M]. London：Routledge，1993.

② 参见：Richards G，Raymand C．Creative tourism [J/OL]．ATLAS News，2000（23）：16-20.

形态，其旅游实践已经在多个国家迅速展开。自理查德（Richards）等人提出创意旅游概念后，一些学者和国际机构分别对其做了进一步阐释，虽表述不一致，但都认同“活动参与”“激发游客创意潜能”等基本要素。在总体上，国外的创意旅游研究远落后于创意旅游产业发展，研究匮乏。国外研究内容涉及了创意旅游体验、创意旅游目的地发展模式或模型构建等基础理论问题，也有大量针对具体国家、地区或城市、乡村、厂区的实证研究。

在 Springer 数据库（http：//link.springer.com）中以“Creative tourism”为题名进行检索，可检索出论文 2600 余篇。从检索文献内容看，专门的理论研究并不丰富，研究体系也并不完善，但每年不断有研究成果出现。代表性的研究成果有，理查德（Richards）和威尔逊（Wilson）（2006）明确指出创意旅游能有效解决文化旅游中的复制问题[①]。而两人在 2007 年合作出版的论文集《旅游、创意与发展》（Tourism，Creativity and Development）是对之前相关研究成果的集合与整理，弥补了国外创意旅游研究文献的不足[②]。在该论文集中，针对创意展示、创意空间和创意旅游活动，Evans 研究了创意空间、旅游和城市的关系；Clock 探讨了创意旅游在农村地区的延伸与发展；Richards，Wilson 分析了旅游目的地文化旅游导向战略面临的困难，指出创意旅游能解决这些困难。在概念模型方面，Prentice 和 Andersen 以营销学的卖点理论为基础构建了创意旅游目的地发展模型；Santagata 了创意旅游区概念，构建了创意旅游街区发展监控模型。在创意旅游产业实践方面，Binkhorst 以西班牙的 Sitges 为例研究了旅游体验中的创意性；Raymond 分析了新西兰创意旅游的独特特征和实践历程；Rogerson 以南非为例从国家和城市层面介绍了旅游与创意产业的发展；Ooi 分析了新加坡创意产业和旅游业的融合，认为旅游业为创意产业的发展提供支撑也从中受益。之后，Richards（2011）、Ihamki（2012）、Korez（2013）、Irma Booyens（2015）等不少学者从不同角度分析认为创意旅游更有助于加深游客体验，是一种可持续的文化旅游发展

---

[①] Richards G，Wilson J. Developing creativity in tourist experiences：A solution to the serial reproduction of culture? [J]. Tourism Management，2006，27（6）：1209-1223.

[②] Richards G，Wilson J. Tourism，Creativity and Development [C]. London：Routledge，2007.

模式，但是属于小众旅游。随着国外实践的发展，研究领域和内容仍将继续拓展和深化。

## 二、国内创意旅游研究进展

### （一）研究文献数量规模

#### 1．相关文献总量规模

在国内，创意旅游的理论研究滞后于旅游实践发展，但近年也在逐步升温并成为研究热点。在中国知网（http：//www.cnki.net）的“中国期刊网络出版总库”“中国优秀博硕士学位论文全文数据库”“国内重要会议论文全文数据库”和“中国重要报纸全文数据库”几个数据库中以“创意旅游”为主题词、篇名、关键词分别进行检索（剔除检索出的英文期刊文献），具体检索结果如表 1-1 所示。从总量上看，研究文献并不是特别多，但各数据库中均有相关文献出现，这说明创意旅游已经受到了全面关注；其中的期刊论文和硕博学位论文数量超过 2/3，这说明学术理论研究文献居于主导地位。

表 1-1　国内“创意旅游”相关文献数量统计

| 检索方式 | 四数据库文献总数 | 数据库 | | | |
|---|---|---|---|---|---|
| | | 期刊论文 | 硕博学位论文 | 国内会议论文 | 报纸文献 |
| 以“创意旅游”为主题词 | 618 | 484 | 88 | 8 | 38 |
| 以“创意旅游”为篇名 | 328 | 283 | 24 | 6 | 15 |
| 以“创意旅游”为关键词 | 332 | 309 | 17 | 6 | 0 |

注：检索时间为 2020 年 11 月 15 日，但网络数据有滞后性，实际数据要大于本表所列数据

#### 2．相关文献数量规模年际变化

查阅检索到的文献，发现最早的相关文献是李宇光在《中国集体工业》1991 年第 3 期发表的论文“论旅游工艺品的创意追求——从车木玩偶《湄洲湾畔人》等作品的设计谈起”。在之后的多个年度中均有零星相关文献出现。但研读内容可知，其实都不是针对“创意旅游”展开的专门研究，只是在相关研究或讨论中涉及了创意旅游理念，谈到了“创意”字眼，其实在严格意义上并不属于“创意旅

游”文献。直到2001年，在9月12日的重庆商报上，李庄发表了“创意旅游VS传统旅游”一文，这才算是出现了真正意义上的“创意旅游”字眼，标志着创意旅游作为一个专门的称谓在我国开始出现。

以中国知网（http：//www.cnki.net）的“中国期刊网络出版总库”“中国优秀博硕士学位论文全文数据库”“国内重要会议论文全文数据库”和“中国重要报纸全文数据库”几个数据库为检索范围（剔除检索出的英文期刊文献），笔者统计和整理了2007年以来“创意旅游”相关文献数量规模的变化情况（如图1-1所示）。从图1.1可看出，虽然“创意旅游”这一字眼在2001年就开始闯入国内人们的视野，但直到2007年才引起了一部分学者的重视，相关文献数量开始攀升。而自2010年以来，创意旅游已演变成为我国旅游研究的热点问题之一，每年都有相关文献出现。

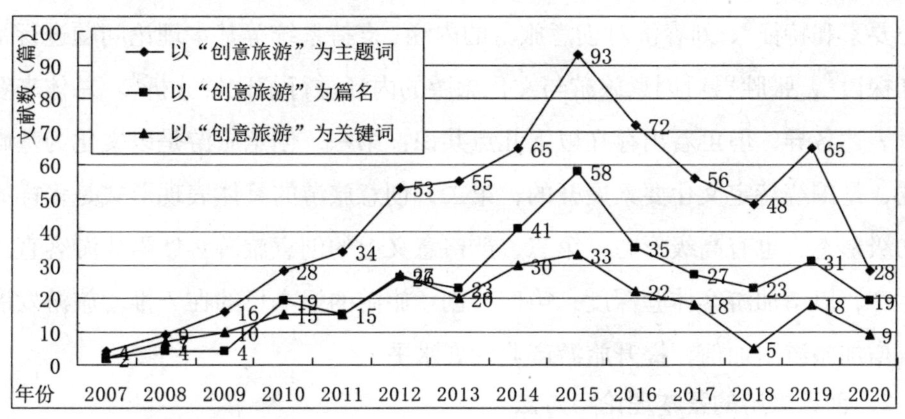


**图1-1 国内“创意旅游”相关文献数量年际变化**

（注：检索时间为2020年11月15日，但网络数据有滞后性，实际数据要大于本图数据）

### （二）研究的主要内容

从国际上看，真正意义上的创意旅游研究至今只有二十年，我国则更短。所以国内创意旅游研究尚处于初始阶段，研究内容体系尚不完善。通过研读以往文献和分析整理，可以将研究的主要内容归纳为以下几方面：

#### 1．创意旅游的基本内涵

目前，国内外学者对创意旅游的概念界定还未达成完全一致，在研究视角、概念内涵与外延等多方面存在一定分歧。国外学者倾向于将创意旅游视为一种旅游产品或旅游形式；国内学者则多是基于产业视角来认定，认为创意旅游是创意产业的延伸[①]，所以在国内出现了“旅游创意产业”“文化创意旅游产业”“创意旅游业”等多种概念称谓。阅读以往文献可知，在研究初期，冯学钢[②]、厉无畏[③]等人都是从产业视角来界定创意旅游，但自2008年周钧[④]提出创意旅游就是一种旅游产品形式，此后这种观点得到了越来越多学者的认同。这显然有与国外学者观点趋于一致的趋势。

关于创意旅游的内涵，国外学者界定有较强的人本化倾向，比较注重游客融入创意过程。我国很多学者的界定大都具有明显的产业化倾向，注重创意思维在旅游产业内的延伸，例如厉无畏提出用创意产业思维方式和发展模式重塑旅游产业体系[⑤]。还有学者对创意旅游的内涵进行了归纳，例如赵玉宗总结了创意旅游的核心要素和特征[⑥]，刘春济对创意旅游的内涵、支持系统等基本理论问题进行了总结和探讨[⑦]，张胜男对创意旅游与文化旅游的内涵进行了比较分析[⑧]。总体来看，大家表述各异，但可看出存在以下几点共识：第一，创意旅游是以文化为基础支撑的，是围绕特定文化要素展开的；第二，创意旅游的具体表现形式是多样的，有初级形态，也有高级形态；第三，严格意义上的创意旅游必然需要游客直接参与生产，以增加游客体验深度；第四，创意旅游的根本目的在于推动旅游发展创新，增加旅游附加值，提升旅游产业发展水平。

**2．创意旅游的基本理论与方法**

国内创意旅游研究刚刚起步，但也初步形成了一些基本理论成果。在创意旅游的基本理论与实现方法上，研究主要集中于创意旅游基础理论、创意旅游产业

---

[①] 赵玉宗，潘永涛，范英杰等．创意转向与创意旅游[J]．旅游学刊，2010，25（3）：72．

[②] 冯学钢，于秋阳．论旅游创意产业的发展前景与对策[J]．旅游学刊，2006，21（12）：13-16．

[③] 厉无畏，王慧敏，孙洁．创意旅游：旅游产业发展模式的革新[J]．旅游科学，2007，21（6）：2．

[④] 周钧，冯学刚．创意旅游及其特征研究[J]．桂林旅游高等专科学校学报[J]．2008，19（3）：395．

[⑤] 厉无畏，王慧敏，孙洁．创意旅游：旅游产业发展模式的革新[J]．旅游科学，2007，21（6）：2．

[⑥] 赵玉宗，潘永涛，范英杰等．创意转向与创意旅游[J]．旅游学刊，2010，25（3）：69．

[⑦] 刘春济，高静．论创意旅游发展及其需要处理的几对辩证关系[J]．北京第二外国语学院学报，2014（3）：1-6．

[⑧] 张胜男．文化旅游与创意旅游比较分析[J]．旅游论坛，2014，7（6）：7-11．

发展和创意旅游产品及其开发等领域，而创意旅游人才培育、知识产权保护等领域的研究文献极少，在此不做赘述。

（1）创意旅游基础理论。

周钧、冯学钢在 2008 年较早地探讨了创意旅游的特征，提出文化本位和创意基准是创意旅游的基本属性，创意互动是构成创意旅游的关键[①]。刘春济，高静着重分析了创意旅游发展的支持系统和运行规则等基础理论问题[②]。王欣研究指出文化创意旅游的核心内涵在于文化价值主张的构建与输出[③]。张胜男专门探讨了创意旅游的发展模式和运行机制[④]。潘海颖、张莉莉通过构建创意旅游图谱探讨了创意旅游的根基来源、要素特征和价值指向[⑤]。

（2）创意旅游产业发展。

创意旅游的产业发展模式与机理是国内创意旅游研究的重点之一。国内有多位学者分别从不同角度对创意旅游产业发展的基本理论展开了较为详细地探讨，主要集中于创意旅游产业发展的模式、机理、动因、动力机制、条件等问题。例如，钱丽芸在其硕士论文中分析了旅游创意产业发展的动因和动力机制[⑥]；夏小莉总结了民族文化创意旅游产业发展的机理和模式[⑦]；丁宁在其硕士论文中研究了旅游创意产业融合发展的内在机理[⑧]；褚丽君在其硕士论文中提出并不是所有旅游地都适合发展创意旅游，并构建了创意旅游发展条件的综合评价指标体系[⑨]；王欣认

---

[①] 周钧，冯学刚．创意旅游及其特征研究[J]．桂林旅游高等专科学校学报[J]．2008，19（3）：394．

[②] 刘春济，高静．论创意旅游发展及其需要处理的几对辩证关系[J]．北京第二外国语学院学报，2014（3）：1-6．

[③] 王欣．文化价值主张的构建与输出——文化创意旅游的核心内涵与功能探讨[J]．暨南学报（哲学社会科学版），2015（10）：146-152．

[④] 张胜男．创意旅游发展模式与运行机制研究[J]．财经问题研究，2016（2）：123-129．

[⑤] 潘海颖，张莉莉．创意旅游之内涵特征、构建图谱与发展前瞻[J]．旅游学刊，2019，34（5）：128-136．

[⑥] 钱丽芸．基于动力机制的旅游创意产业发展研究[D]．厦门：厦门大学硕士论文，2009．

[⑦] 夏小莉．民族文化创意旅游产业发展机理与发展模式[J]．经济研究导刊，2010（31）：189-190．夏小莉，张立新．民族文化创意旅游产业发展的模式与机制探讨——以湘西自治州为例[J]．边疆经济与文化，2010（11）：20-22．

[⑧] 丁宁．旅游创意产业融合发展研究——以大连为例[D]．大连：辽宁师范大学硕士论文，2011．

[⑨] 褚丽君．创意旅游发展条件的综合评价指标体系[D]．杭州：浙江师范大学硕士论文，2012．

为文化创意旅游就等于创意旅游，并提出了文化创意旅游产业发展模式[①]；刘春济还构建了创意旅游发展的支持系统[②]。

在创意旅游产业发展过程中，大家普遍认为只有通过创意产业与旅游业的渗透融合才能实现。创意产业与旅游产业的融合问题一直是国内学者关注的主体，研究集中于两者融合的模式、机理以及实现路径等方面。例如杨娇[③]、李洋洋[④]、贾婉文[⑤]分别在其硕士论文中分析和提出了旅游产业与文化创意产业的融合发展模式；刘志勇分析了创意产业在旅游发展中的作用，指出两者在旅游商品开发、旅游项目策划、旅游营销三方面可找到融合的切入点[⑥]；夏小莉则从产业价值链视角分析了创意产业与旅游业的互动与融合机理[⑦]。

此外，在创意旅游产业发展的基本方法上，尹贻梅还提出旅游创意产业发展应采取集群发展模式[⑧]，宋河有提出创意旅游应在特定文化背景下采取主题旅游方式来形成特定文化主题创意旅游活动形式[⑨]。创意旅游理念还被逐步渗透和运用于农业旅游、工业旅游、体育旅游等更多领域中，但研究相对零散，例如江振娜提出了农耕观摩、节庆体验、工艺品制作参与等农村创意旅游发展模式[⑩]；段晓雪探讨了乡村创意旅游产品的开发路径[⑪]；吴学成运用创意旅游理念提出了休闲农业的

---

① 王欣．文化创意旅游产业发展模式及北京市发展对策研究[J]．北京第二外国语学院学报，2012（11）：30-35．

② 刘春济，高静．论创意旅游发展及其需要处理的几对辩证关系[J]．北京第二外国语学院学报，2014（3）：1-6．

③ 杨娇．旅游产业与文化创意产业融合发展的研究[D]．杭州：浙江工商大学硕士论文，2008．

④ 李洋洋．我国文化创意产业与旅游业融合模式研究[D]．北京：北京第二外国语学院硕士论文，2010．

⑤ 贾婉文．产业融合视角下的文化创意旅游发展研究[D]．大连：东北财经大学硕士论文，2013．

⑥ 刘志勇，王伟年．论创意产业与旅游产业的融合发展[J]．企业经济，2009（8）：127-130．

⑦ 夏小莉．创意旅游业：创意产业和旅游产业的互动与融合——基于产业价值链的视角[J]．湖南商学院学报，2011（6）：92-95．

⑧ 尹贻梅，鲁明勇．民族地区旅游业与创意产业耦合发展研究——以张家界为例[J]．旅游学刊，2009，24（3）：42-48．

⑨ 宋河有．创意旅游与主题旅游：内涵、关系及融合[J]．湖南商学院学报，2014（5）：80-83．

⑩ 江振娜，谢志忠．基于农村民俗文化的创意旅游发展模式研究[J]．中南林业科技大学学报（社会科学版），2012（2）：22-26．

⑪段晓雪．乡村创意旅游产品开发研究[J]．北京农业，2014（1 中）：42-47．

提升路径[①]；赵金岭提出创意旅游是体育旅游发展的新模式[②]。

综合来看，创意旅游的产业发展受到旅游企业、创意阶层、旅游者、政府等不同主体出于产业利润、竞争力提升、产业链拉动、文化深化挖掘等方面的动因，共同推动其快速盛行。并且从创意旅游的实现方法以及波及面看，创意旅游已经渗透到了城市旅游、乡村旅游、民族文化旅游等多个旅游领域之中，并有持续扩大的趋势。

（3）创意旅游产品及其开发。

要推动创意旅游产业发展，必然需要关注创意旅游产品及其开发问题，但这方面的基本理论研究并不丰富。关于创意旅游产品的表现形态，国内学者存在两种观点：一种是以周钧为代表的一大批学者从学术视角对创意旅游产品的认定，认为具有主客互动、游客参与创意生产的目的地文化体验活动才是真正意义的创意旅游；而另外一种观点则认为，国外学者提出的创意旅游的三种形式都属于创意旅游的范畴，即创意展示、创意空间、创意旅游活动分别属于初级、中级和高级的创意旅游产品。此外，傅晓则在其硕士论文中从整体上创建了文化创意旅游产品的物理模型，并找出了12个作用因子[③]。

针对创意旅游的开发方法，傅晓在其硕士论文中提出了“多业共生”的开发模式，其他学者则针对不同类型的具体产品形态或开发对象，分别进行了有针对性的研究。例如刘成在其硕士论文中针对创意空间——创意园区，分析了文化创意园区的旅游运营模式[④]；粟娟对事件型文化创意旅游产品提出了RMP总体开发思路[⑤]；袁勇在其硕士论文中提出借助创意产业对旅游纪念品进行升级[⑥]；钟志平

① 吴学成，李江风，蒋琴等．创意旅游：休闲农业的转型升级和提升路径[J]．农业经济，2014（2）：36-38．

② 赵金岭，张淑香．创意旅游——体育旅游发展的新模式[J]．体育研究与教育，2011（4）：22-25．

③ 傅晓．文化创意旅游产品研究——以广州中心城区为例[D]．广州：华南师范大学硕士论文，2007．

④ 刘成．文化创意园区旅游运营模式研究——以成都东区音乐公园为例[D]．成都：成都理工大学硕士论文，2012．

⑤ 粟娟．基于RMP的事件型文化创意旅游产品开发[J]．资源开发与市场，2010（10）：940-943．

⑥ 袁勇．创意产业背景下武汉旅游纪念品设计研究[D]．武汉：华中科技大学硕士论文，2012．

提出了创意旅游商品市场发展的动力作用模型和市场运行模式[①]；李庆雷认为文化遗产地创意旅游产品开发应发挥资源组织者作用，注重与旅游者和社区居民合作，设计兼具文化性、参与性和创造性的专项活动[②]；黄春宇在其硕士论文中从创意旅游视角探讨了旅游资源价值的提升问题，提出以文化、体验及科技为核心的创意旅游资源开发模式[③]。

### 3．创意旅游的实践应用

创意旅游的实践应用起源于都市旅游开发，很快被应用于更广阔的地域空间，波及了具体的景区景点、乡村地区、民族地区乃至全国范围。

创意旅游应用研究在国内首先体现在对大城市旅游发展的指导上，例如王慧敏提出文化创意旅游是城市实现特色化的有效载体[④]；张胜男探索了以创意旅游增强城市发展内在驱动力的途径[⑤]；马朋朋归纳了城市创意旅游空间演化的“创意景点”“创意飞地”和“创意空间”三阶段[⑥]；严若谷探讨了计划延续型旧工业区在创意旅游改造中的空间再产出机制[⑦]；钱佳提出了城市创意旅游资源的分类与评价方法[⑧]。在具体城市研究对象上，上海、北京、重庆、成都等大都市首先成为关注焦点，例如厉无畏[⑨]、高静[⑩]都较早地从创意旅游视角针对上海提出了都市旅游提

---

① 钟志平，李琳．基于动力机制的创意旅游商品市场发展模式——以长沙湘绣为例[J]．湖南商学院学报，2013（2）：62-68．

② 李庆雷，张丹宇．文化遗产地创意旅游产品开发研究[J]．三峡大学学报（人文社会科学版），2014（1）：37-41．

③ 黄春宇．创意旅游资源开发模式构建——基于常州创意旅游资源成功开发的启示[D]．扬州：扬州大学硕士论文，2012．

④ 王慧敏．文化创意旅游：城市特色化的转型之路[J]．学习与探索，2010（4）：122-126．

⑤ 张胜男．创意旅游与城市发展[N]．光明日报，2011-02-20：007．

⑥ 马朋朋，张胜男．国外城市创意旅游空间演化研究[J]．特区经济，2012（11）：108-109．

⑦ 严若谷．后现代经济下的旧工业空间再生产研究——以深圳计划延续型工业区的创意旅游改造开发为例[J]．城市观察，2014（1）：101-109．

⑧ 钱佳，汪德根，牛玉．城市创意旅游资源分类、评价及空间分异——以苏州中心城区为例[J]．经济地理，2014（9）：172-178．

⑨ 厉无畏，王慧敏，孙洁．论创意旅游——兼谈上海都市旅游的创新发展思路[J]．经济管理，2008（1）：70-74．

⑩ 高静，刘春济．论创意旅游——兼谈上海都市旅游的提升战略[J]．旅游科学，2010，24（3）：12-19，38．

升战略；王欣[①]、张胜男[②]针对北京进行了创意旅游发展研究，此外还有更多学者分别针对国内其他城市进行了个案研究。

随着创意旅游的盛行，一些学者尝试将其运用于乡村地区以及一些具体景区景点上，例如赵会莉[③]对河南农村民俗文化、袁大伟[④]对泉州香草世界度假村分别进行了创意旅游实践应用研究。同时，创意旅游在区域旅游发展层面的应用也得到了广泛关注，并且研究文献数量庞大。从研究的具体内容看，只有少量文献具有普遍指导意义，例如李庆雷提出了适合边疆民族地区实际的民族地区创意旅游发展战略[⑤]。其他文献几乎都是针对具体区域展开的对策研究，涉及区域包括西部民族地区和中东部地区。

全国宏观视角的实践应用研究大多是从宏观上提出一些思路与策略，普遍认为创意旅游是实现我国旅游可持续发展的途径，并且多位学者从总体上对中国文化创意旅游产业发展进行了理论总结，并提出了我国创意旅游产业发展的思路与对策。

## 三、国内以往研究中存在的不足

与国际上创意旅游研究一样，当前国内创意旅游研究正处于发展之中，还有很多问题需要进一步探讨和完善。总体来看，上文所述及文献研究中仍存在一些不足，具体表现如下：

### （一）基础理论研究尚显薄弱

通过前文归纳可看出，国内创意旅游的基础理论研究还比较单薄，研究内容体系相对狭窄。在基本内涵方面，与很多旅游理论研究一样，对概念的界定和本质的认知尚存在一定分歧。由于研究者学科背景、研究视角不同，对基础概念的

---

① 王欣，杨文华．文化创意旅游产业发展模式及北京市发展对策研究[J]．北京第二外国语学院学报，2012（11）：30-35．

② 张胜男，李欣．创意旅游与北京城市发展互动机制研究[J]．特区经济，2013（12）：35-36．

③ 赵会莉．河南农村民俗文化的创意旅游开发模式研究[J]．重庆科技学院学报（社会科学版）2012（20）：113-114．

④ 袁大伟．创意旅游视角下泉州香草世界度假村乡村旅游发展[J]．宜春学院学报，2014（2）：67-70，89．

⑤ 李庆雷．论边疆民族地区创意旅游发展战略[J]．四川民族学院学报，2011，20（2）：61-65．

界定和称谓必然有所不同。在研究内容上，研究者对创意旅游发展模式以及创意旅游产业发展等问题关注较多，但对创意旅游经营管理、创意旅游消费者、创意旅游实施的人才与设施配套等问题的研究还很匮乏。有学者归纳和提出了创意旅游发展的动力机制、发展模式等理论模型，但说服力和解释力仍然有限。缺乏一个完整且能全面说明问题的动力机制结构和发展框架，针对不同地域环境特征的创意旅游实现路径选择研究并不多见，而且缺乏有效的创意旅游评价指标体系对已有实践进行监督和反馈。这是研究进展的必经阶段和过程，同时这也正说明创意旅游研究还有更广阔的研究空间。

### （二）实践应用研究还缺乏深度

在一个学术领域研究之初，研究深度必然有限。从实践应用角度总体来看，国内创意旅游研究依然停留在表面说明问题阶段，描述性的个案研究居多，具有普遍指导意义的应用研究文献缺乏，尤其缺乏具体实施的操作步骤和评价反馈机制，目前还不能形成完整的创意旅游开发与实施框架。所有抽象理论的科学性都需要在实践中得以验证，但目前的创意旅游实践研究大多仅限于提出粗略的思路和对策，缺乏深入的实证研究，无法将基础理论与实践良好对接。在研究方法上，目前的研究以定性描述居多，缺乏定量研究，对创意旅游的经济与社会文化效应无法准确评估。综合来看，国内创意旅游实践应用研究还停留在研究表层，研究深度远远不够。

## 四、国内未来研究趋势展望

经过20年的发展，国内创意旅游研究在多个方面有了一定程度的进展。虽然存在很多不足，但随着关注程度的增加，创意旅游研究正呈现多元化发展趋势。总体来看，主要呈现以下几方面研究趋势：

### （一）基本内涵及研究框架将逐渐明朗

无论是国内还是国外，创意旅游理论研究目前都比较薄弱，很多基础性问题都亟待解决。首先亟须明确创意旅游的概念体系，对其内涵、外延、广义与狭义概念做出统一界定，这是进一步研究的基础。目前国内多数学者认为像“印象系列”这样的创意展示行为就是创意旅游的初级形态，而有些学者则从主客互动角度对创意旅游进行了严格界定。对国内外概念界定进行归纳，可以发现创意旅游的基本内涵将逐渐得到明确。

其次，当前的创意旅游研究体系尚不明朗，相关问题之间的关系还不太清晰。但随着更多学者越来越多地关注和研究积累，创意旅游研究的框架将逐渐明朗。在这里，笔者在总结前人研究的基础上，尝试总结和构建了一个创意旅游的研究框架（如图 1-2 所示），期望起到抛砖引玉的作用。

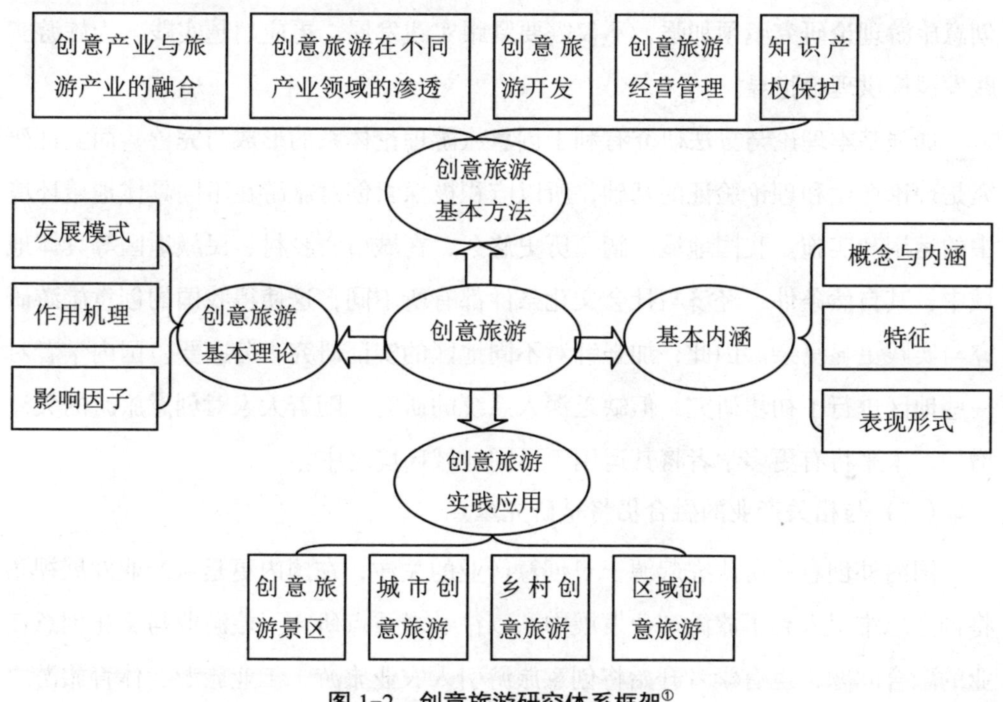


**图 1-2 创意旅游研究体系框架**[①]

### （二）基本理论与方法将紧跟实践发展

毋庸置疑，随着知识经济、信息经济、体验经济和创意经济时代的来临，创意旅游是对旅游产业发展模式的一种革新。创意旅游其实就是推动旅游产业发展创新，它不仅顺应了世界进入个性化旅游的发展进程，顺应了旅游市场潮流，而且是未来发展的必然趋势，也将是我国旅游产业更新的必由之路。创意旅游理念

[①] 宋河有．国内创意旅游研究进展与展望[J]．现代城市研究，2016（8）：116.

在实践中一直有所应用，例如“点子、主意”，不过作为专门的学术概念是近年才提出来的。这就形成一种局面，即在实践领域，从业者在慢慢摸索创新，但这种创新由于缺乏理论指导，所生产的创意旅游产品难以达到创意旅游的更高层次。我国少数民族地区旅游实践界大胆探索开发的“印象系列”实景演出取得了良好社会反响，但这只不过是创意旅游的一种初级形态——创意展示。与创意旅游的高级形态相比，游客在这种消费过程具有一定的被动性，没有直接参与创意生产的机会，更无法获得更深层次的个性化体验。随着创意旅游实践范围的快速扩散，创意旅游理论研究亟须加强，不仅需要紧跟实践发展，更应超越实践，为旅游实践发展提供理论指导。

加强基本理论与方法研究有利于创意旅游理论体系的形成与完善，而实证研究是理论产生和理论验证的基础，所以应积极探索创意旅游在不同具体地域环境中的运用和实施。我国地域广阔、历史悠久，在城市、乡村、民族地区等具体地域中，其自然条件、经济与社会文化条件都有所不同，这使得我国的创意旅游研究与实践更显复杂。因此，加强针对不同地区的实证研究十分必要。国内学者对一些地区进行了初步研究，但缺乏深入系统的研究。随着大家对创意旅游的关注增加，未来将有更多学者将其运用于不同地域环境之中。

**（三）与相关产业的融合仍将是研究重点**

国内外创意旅游研究起源于对创意产业的关注，在国内更是从产业发展视角将创意思维引入到了旅游产业发展中。以往学者重点研究了旅游业与文化创意产业的融合问题，也有学者开始将创意旅游引入农业旅游、工业旅游、体育旅游之中，进而产生了对创意旅游与农业、工业等更多产业的融合研究。由于旅游业具有广泛的产业波及效应，可与之相融合的产业多种多样，这将引起创意旅游与制造业、信息产业、现代科技等更多产业的融合发展。

随着研究的逐步深化和研究范畴的逐步扩展，将有更多学者将创意旅游运用于更多产业发展中，也将有人结合不同产业特征进行创意旅游的基本方法和实践应用研究。总之，创意旅游与相关产业的融合问题仍将是未来研究的重点，研究所波及的产业领域范围也将不断扩展。

### （四）国际比较和研究方法创新将得到加强

创意旅游概念提出和理论研究在国外相对较早，而且在旅游实践界，旅游国际化已经成为现实，所以国内创意旅游研究必然需要充分借鉴和利用国外研究的理论、方法和成果。同时应注意到创意旅游在不同国家和地区、在不同的经济社会文化背景下表现出的不同形态和规律。以往有学者对国外研究成果进行了初步阐述和比较，也有学者对国外旅游实践进行了分析与借鉴，但国际比较研究总体上还比较匮乏。在未来研究中，不仅需要加强对国内外不同自然条件、经济社会文化背景下的创意旅游研究成果的比较和归纳，而且应区别不同国家和地区的特殊性和差异性，最终为我国旅游产业发展提供理论参考和依据。

正确的技术路线、科学合理的研究方法是研究不断拓展和深化的关键因素。目前，我国对创意旅游的研究尚处于宏观发展战略性的探讨，定性分析较多。随着更多学科背景的学者关注，大家将引入更多学科的研究方法。只有采用多元化的研究方法，才可能促进创意旅游研究的不断深化和理论创新。

综合前文分析，可以得出几点初步结论：第一，国内创意旅游研究正在逐步升温，成为近年的旅游研究热点，但很多基本理论问题尚无统一界定，缺乏足够的共识，而且研究深度不够，缺乏定量和深入的实证研究。第二，以往研究主要集中于创意旅游内涵、特征、产业发展、产业融合、城市与区域创意旅游实践应用等方面，缺乏对创意旅游经营管理、社区融入、游客参与创意生产、创意旅游配套设施等基本问题的探讨。第三，创意旅游虽然是一个新生概念。但其理念一直被人们所使用，只不过理论研究明显滞后于实践发展，理论研究亟需深化。需指出的是，应从本质上认识创意旅游。它虽是新生概念，但本质上其实就是旅游创新、旅游特色化、游客体验深度化、个性化等理念的集中体现和运用，以后它将在更多地域环境和相关产业发展中得到更广泛的运用。

## 第三节 研究对象与目的及价值

### 一、研究对象

一般来说，人文社会学科研究课题的研究对象主要涉及两个层面：一是研究所关注的社会实践中的现实对象；二是所关注的具体问题，即问题对象。本书以内蒙古草原旅游地为研究对象，以创意旅游为研究视角，着重探讨草原旅游地文化的创意旅游开发问题。创意旅游是近年关注度急剧升温的研究领域，但基础理论方面的突破性成果还比较少，深入具体的旅游经营管理、服务以及如何使创意活动从小众化走向大众化等问题都尚未解决。在实践应用方面，虽然很多人尝试将其运用到更多地域和产业领域，但运用于我国北部边疆草原地区的具体研究尚未展开。伴随着国内外“非遗”保护研究的不断深入，非物质文化资源的旅游化利用问题受到了不少关注，取得了不少成果。然而，针对草原旅游地文化资源的旅游化利用研究却显得十分薄弱。当然，更缺乏将创意旅游理论与内蒙古草原文化资源旅游化利用相结合的专门研究。

内蒙古草原地域广阔，拥有 13 亿亩草原，占全区面积的 73.26%，可利用面积居全国首位。草原旅游地拥有大量宝贵的非物质文化资源，但对草原文化旅游资源的开发及其研究还处于初级阶段。目前内蒙古草原文化资源在草原旅游中得到了一定开发，但由于草原地区普遍缺乏旅游专业人才，致使旅游开发深度远远不够，大多停留在表面参与层次。草原文化旅游给游客留下的体验深度不够，而且本区域内部的雷同化竞争比较明显。探究内蒙古草原旅游地文化资源的深度旅游化利用、同时被更好地保护和传承的具体路径与方法，显得十分必要而紧迫。

综上所述,本书以我国北部边疆内蒙古草原旅游地及其文化资源为研究对象，关注其创意旅游开发问题，探讨如何对草原旅游地文化资源进行深层次的旅游化利用并实现更有效地传承和发扬。这里所指的草原文化包括有形的草原实体文化和无形的非物质文化。其中的草原非物质文化资源既包括草原居民的优秀非物质文化遗产，也包括流行于当前社会的非物质文化现象，其范畴涉及居民信仰、音乐、戏剧、舞蹈、美术、手工技艺、体育、口头文学等具体资源形态。

## 二、研究目的

本书以我国北部边疆内蒙古草原旅游地草原文化资源为研究对象，以创意旅游为研究视阈和突破口，探讨如何对草原旅游地文化资源进行深层次的旅游化利用并实现更有效地传承和发扬。

### （一）理论目标

首先，本书力图揭示不同等级层次的创意旅游产品形态、特征、发展模式和运行机制以及产业链延伸路径。其次，尝试构建以创意旅游为手段对草原旅游地文化资源深化开发并充分传承和发扬的理论框架。同时，构建草原旅游地文化创意旅游产品设计思路、社区融入方法和主题化开发方法。

### （二）实践目标

首先，尝试为草原旅游地文化资源深度旅游化利用提供新方法。其次，尝试为提升草原地区居民参与当地旅游发展的程度提供新思路。再次，解决内蒙古草原旅游地文化在旅游发展中出现的雷同化与文化变异问题，实现更有效地旅游化保护、传承与发扬；同时，本研究提出的创意旅游开发方法力图使更多少数民族地区居民在民族旅游中充分受益，更好地推进旅游助力乡村旅游发展。最后，延长草原旅游地的旅游旺季，树立特色鲜明的中国北疆草原地区旅游新形象。

## 三、研究价值

### （一）学术价值

作为一种新兴的旅游形式和旅游开发手段，创意旅游对于加深旅游者消费体验、深化草原旅游文化内涵进而转变旅游发展方式具有重要理论价值。以创意旅游为突破口探寻草原旅游地文化资源的深度旅游化利用方式，实现草原文化与旅游业深度融合，是创意旅游理论在草原文化资源开发中的具体运用，也是对草原文化的旅游化保护与传承方式的改进。

### （二）应用价值

首先，本研究可以提高草原旅游地文化的旅游化保护与利用水平，响应国家大力发展文化产业和旅游产业的政策方针，也是草原地区对国家推进全域旅游战略的响应。其次，本研究将草原旅游地文化资源的可持续利用优势和地方特色与创意旅游理念相结合，对提升内蒙古草原旅游地文化内涵、打破草原文化旅游中呈现的产品雷同、开发肤浅等现象具有直接推动作用。再次，本研究可为内蒙古地区草原旅游竞争力提升和树立特色鲜明的中国北疆旅游品牌提供战略指导和可行建议，为其他民族地区旅游发展提供借鉴。

# 第四节　研究思路与方法及内容

## 一、研究思路与技术路线

以内蒙古草原旅游地文化的深度旅游化利用为出发点，以草原文化传承和发扬为目标，一方面剖析创意旅游的产品形态、特性、运行模式与机理等理论问题，另一方面对草原旅游地文化资源的旅游化利用状况进行调研和盘点。在此基础上，结合现实条件，从动力系统、产品设计、产业拓展延伸、社区融入、主题化开发、保障体系等方面提出草原旅游地文化资源创意旅游开发的基本框架和实践路径。

本书的研究逻辑与技术路线如下：

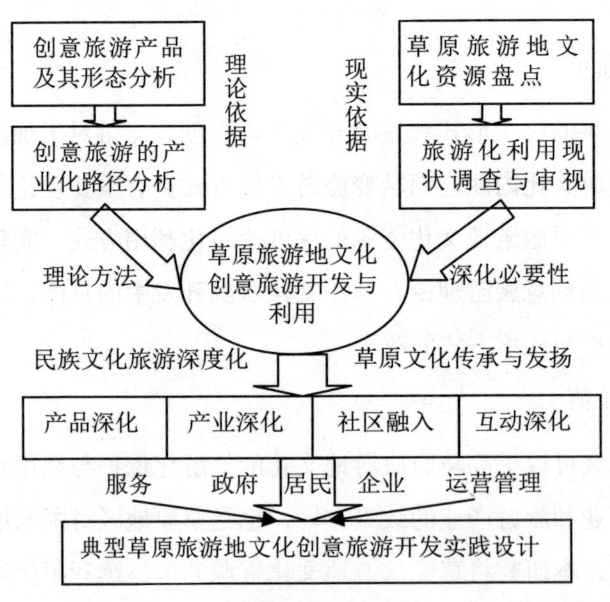


图 1-3　本书的研究逻辑与技术路线

## 二、研究方法

### （一）文献分析法

本研究以前人的理论研究成果为基础，需要对国内外相关文献资料进行比较全面、系统的梳理与分析，使本研究具有高起点。例如对以往研究的梳理，对创意旅游、创意旅游产品等概念之间的关系探讨，都需要对以往文献进行透彻研读和分析。在研究过程中注重借鉴旅游业和文化创意产业相关成果，在多种理论融合互动的过程中建立观察、分析和解读草原旅游地文化创意旅游的多维视角，提升研究的理论水平。

### （二）实地考察法

要了解草原旅游地文化资源旅游化利用的真实现状，必须进行多地、多次、多时段的实地调研。一方面作者曾经到内蒙古鄂尔多斯、呼和浩特、乌兰察布、锡林郭勒、兴安盟等多个盟市的草原旅游地进行考察学习或生活过，对内蒙古草原文化资源的旅游化利用现状比较了解；另一方面，作者专门针对一些研究对象进一步进行了实地调研或访谈，例如蒙古族“男儿三艺”、敖包祭祀、奶酪手工制作工艺，对这些草原非物质文化进行专门研究，作者可以获取充足的第一手资料。论证研究假设的实践可行性，了解草原社区居民、旅游者、政府决策者等相关主体的态度与想法，还有必要实施深度访谈或实地调查。

### （三）逻辑思辨与系统分析法

经过调研和理论剖析，有必要对具有共性和规律性的现象与问题进行必要归纳和总结。综合运用创意旅游已有的理论研究成果和实践经验，系统分析创意旅游的基本理论和实践应用。一方面通过对草原旅游活动发展的历史与现实的纵向比较，以及国内外创意旅游发展现状的横向比较，归纳和总结草原旅游地文化创意旅游的基本理论，动态分析其发展特点和规律。另一方面，立足于实践，综合运用现代经济管理理论，全方位多角度分析和构建草原旅游地文化创意旅游理论体系。

### （四）构建模型法

对一些抽象的理论问题或研究假设，本书构建了一系列理论模型，从而使其更直观地呈现出来。

**（五）多学科交叉研究法**

本研究将引入旅游学、经济学、民族学、文化学、营销学等多学科理论与方法，从不同角度对相关问题展开分析与研究。

## 三、研究内容框架

本书围绕创意旅游基础理论及其实践应用问题进行了全方位探讨，主要包括以下几方面的研究内容：

第一，创意旅游基础理论分析。具体涉及概念、内涵、产品形态、特性、发展模式和运行机制等相关理论内容。

第二，草原旅游地创意旅游开发的动力系统以及内蒙古草原旅游地文化资源盘点。着重分析草原旅游地创意旅游开发的影响要素与支撑条件。

第三，草原旅游地创意旅游产品的实践设计思路与方法。在调研基础上，分析当前草原旅游地对当地文化资源的利用水平、其中的创意旅游元素和产业化实践水平，进而提出创意旅游产品开发思路。

第四，草原旅游地创意旅游产业化开发路径研究。以草原文化传承与发扬的持续化和草原旅游发展的深度化为目标，探析产业融合、产业带动与产业链延伸路径。

第五，草原旅游地创意旅游开发的社区融入问题研究。具体设计到草原社区融入的要素、内容、方式、机制以及社区利益保障等问题。

第六，草原旅游地创意旅游的主题化开发实现路径。以创意旅游和主题旅游相融合为出发点，在防止过度文化商品化和文化变异的前提下，结合旅游季节性应对问题，选取典型的草原旅游地文化，打造具有特定文化主题风格的草原旅游地创意旅游产品开发路径。

第七，草原旅游地创意旅游开发的支持与保障体系。具体内容涉及支持体系、文化生态保护，人才、资金、社区参与以及政府的政策支持与制度保障。

## 四、研究的重点难点

### （一）研究重点

本书的研究重点包括创意旅游的本质属性、表现形态、基本原理与方法；创意旅游视阈下内蒙古草原旅游地文化资源的深度旅游化利用方法；草原旅游地创意旅游开发模式在内蒙古草原旅游地的实践运用。

### （二）研究难点

探寻符合内蒙古草原旅游地实际状况的草原文化资源创意旅游开发方法，使草原旅游向更深层次发展并保障其可持续性，同时避免草原旅游产品的雷同化，避免草原文化的过度商业化与异化，避免旅游化利用与自然人文环境的冲突。

## 五、创新之处

### （一）学术思想创新

以创意旅游为开发理念和手段，与草原旅游地文化的旅游化利用紧密结合，来实现草原旅游地文化旅游开发水平的提升和创意旅游理论的具体实践运用。

### （二）学术观点创新

创意旅游对旅游者来说是一种旅游形式，对目的地来说是一种开发理念与手段，是全世界旅游业未来发展的方向和必然趋势。草原旅游地非物质文化资源非常适宜进行创意旅游开发，并可实现持续利用。创意旅游模式是对草原文化旅游化保护与发扬的理想选择。草原旅游地文化创意旅游开发必须把保护放在第一位，把草原社区居民利益放在首位，充分发挥旅游拉动社区与区域发展的社会福利效应。

### （三）研究方法创新

通过多次深入草原旅游地进行实地调查了解草原旅游地文化资源的旅游化利用状况，通过访谈或问卷调查获知游客、当地居民、民间组织和政府机构的态度与心理，从多学科角度剖析草原旅游地文化创意旅游实施的条件、瓶颈以及具体方法，体现了多学科、边缘性和交叉性的研究特点。

# 第二章　创意旅游理论解析

## 第一节　创意旅游的概念与内涵解析

### 一、创意旅游概念盘点

#### （一）国外创意旅游概念界定

自 2000 年创意旅游作为学术概念正式出现以后，联合国教科文组织、世界旅游组织和欧洲旅行委员会等国际组织的关注，并且对其进行了不同的概念界定。国外对创意旅游进行的概念界定详情统计如表 2-1 所示。

表 2-1　国外创意旅游概念代表性界定

| 研究者或组织 | 年份 | 定义内容 |
| --- | --- | --- |
| 格雷·理查德（Greg Richards）和克里斯宾·雷蒙德（Crispin Raymond） | 2000 | 旅游者在游览过程中通过积极参与目的地国家或社区的文化或技巧学习，激发自身创意潜能，进一步体验旅游目的地的文化氛围的旅游形式 |
| 创意旅游新西兰（Creative Tourism New Zealand，简称 CTNZ） | 2003 | 通过非正式的、亲自动手的工场参与和创意体验提供了解地方文化真实感的一种更可持续的旅游形式。创意旅游就是在旅游地学习一种技能，而且这种技能是当地文化的一部分。富有创造力的旅游者发挥他们的创造潜能，并与当地居民密切接触，通过参加这种非正式交流研讨会学习到一些经验并且把这些先进经验引用到旅游地的文化建设中去 |
| 格雷·理查德（Greg Richards） | 2005 | 创意旅游的主要推动者实际上是产品的标准化性质和现代居民对自我发展需求的共同作用。创意生产者更趋向于成为创意旅游的真正推动者，而不是游客 |
| 格雷·理查德（Greg Richards）和威尔逊（Wilson） | 2006 | 创意旅游的实现实际上更加依赖于游客的积极参与，在创意旅游中，积极学习和感知周边事物并努力学习这些知识以便发展自身的技能是游客本身应承担的责任和义务 |

续表

| 研究者或组织 | 年份 | 定义内容 |
|---|---|---|
| 联合国教科文组织（UNESCO）“创意城市网络联盟”（Creative Cities Network，简称CCN） | 2006 | 是一种可以为旅游者提供具有原真性的、可直接参与体验的旅游活动，主要表现形式为学习当地的艺术、传统以及具有当地特色的象征性文化，并与当地居民相互交流，在生活中体验文化 |

资料来源：根据赵玉宗等（2010）①和崔国等（2011）②整理所得。

## （二）国内创意旅游概念界定

随着国外创意旅游研究与实践的兴起，国内学者也纷纷对创意旅游问题展开了探索。但国内的概念称谓并不完全一致，国内对创意旅游相关概念的界定详情统计如表 2-2 所示。

表 2-2 国内创意旅游相关概念界定

| 研究者 | 年份 | 定义内容 |
|---|---|---|
| 冯学钢，于秋阳 | 2006 | 旅游创意产业：是创意产业在旅游领域的传承和延伸，也是对旅游策划下的广告、节庆等旅游产品和活动的产业提升③。 |
| 厉无畏等 | 2007 | 创意旅游：用创意产业的思维方式和发展模式整合旅游资源、创新旅游产品、锻造旅游产业链，以适应现代社会经济发展转型的全新旅游模式④。 |
| 周钧，冯学钢 | 2008 | 创意旅游：以旅游者与旅游目的地之间的创意性互动为核心要素的一项旅游产品，旅游者通过此过程实现知识或技能的输入，开发个人创意潜能，形成个性化的旅游体验及旅游经历⑤。 |
| 钱丽芸 | 2009 | 旅游创意产业：是指在旅游经济运行过程中，为实现游客创意旅游的需求，融合创意产业的思维方式和发展模式，而提供高层次创意旅游产品和服务的企业、组织（或机构）的集合⑥。 |
| 李庆雷，张丹宇 | 2014 | 创意旅游：游客在融入旅游地社区、参与文化活动过程中，深入了解当地传统文化与生活方式，开发自身创意潜力，促进自我发展的旅游形式⑦。 |

资料来源：笔者整理。

① 赵玉宗，潘永涛，范英杰等. 创意转向与创意旅游[J]. 旅游学刊，2010，25（3）：71.
② 崔国，褚劲风，王倩倩等. 国外创意旅游内涵研究[J]. 人文地理，2011（6）：27.
③ 冯学钢，于秋阳. 论旅游创意产业的发展前景与对策[J]. 旅游学刊，2006，21（12）：13-16.
④ 厉无畏，王慧敏，孙洁. 创意旅游：旅游产业发展模式的革新[J]. 旅游科学，2007，21（6）：2.
⑤ 周钧，冯学刚. 创意旅游及其特征研究[J]. 桂林旅游高等专科学校学报，2008，19（3）：395.
⑥ 钱丽芸. 基于动力机制的旅游创意产业发展研究[D]. 厦门：厦门大学硕士学位论文，2009.
⑦ 李庆雷，张丹宇. 文化遗产地创意旅游产品开发研究[J]. 三峡大学学报（人文社会科学版），2014，36（1）：38.

## 二、关于创意旅游内涵的分歧

自新西兰学者理查德和雷蒙德提出创意旅游的概念以后，人们对创意旅游内涵的理解主要是沿着旅游者的自我关照和旅游产业发展这两种视角展开的[①]。由于研究视角的不同，国外和国内学者对创意旅游内涵的理解就产生了分歧。

### （一）国外的游客自我关照视角

这一认知视角主要体现于国外研究中。创意旅游概念起源于国外，并首先在新西兰投入实践，其影响范围迅速波及世界上多个大洲和国家。总体来看，国外的学者大多倾向于将创意旅游视为一种旅游产品或旅游活动形式。理查德和雷蒙德、新西兰创意旅游组织和联合国教科文组织等学者或组织所做的代表性概念界定均体现出对游客自我关照的观点。虽然国外学者的概念界定具体陈述各有差异，但大同小异，一些明显的共同点就是都涉及了“活动参与”“自我/技能发展”“学习体验”等几个基本要素，只是在界定视角、主导者、创意性等方面各有差异。

### （二）国内的旅游产业发展视角

这一视角主要体现于国内研究中。在国内，多位学者分别从不同角度提出了自己的看法。但总体来看，呈现出了两类界定方式和思路：一是从产业发展视角进行界定；二是与国外基本一致的产品化界定。由于国内学者对创意旅游的研究源于对创意产业的高度关注，将创意产业思维引入到旅游研究中，进而引起了众多学者的关注。以厉无畏、冯学钢等知名学者为代表的“产业化”思想流派积极倡导将创意产业思维运用到旅游发展中，这迅速引起了其他学者的关注。所以在国内创意旅游概念界定中，占据主导地位的是以厉无畏、冯学钢等人为代表的“产业化”思想。他们普遍认为创意旅游是对创意产业的延伸，是创意思维在旅游业中的应用。这种界定对创意旅游的认识和界定不同于国外，表现出了较强的经济化、产业化倾向。所以在国内存在“旅游创意产业”“文化创意旅游产业”“创意旅游业”等多种称谓。与此同时也可看出，随着研究的演进和深入，国内有越来

① 高静，刘春济．论创意旅游——兼谈上海都市旅游的提升战略[J]．旅游科学，2010，24（3）：14．

越多的学者在对创意旅游的理解上体现出了与国外学者看法基本一致的倾向。

## 三、关于创意旅游内涵的共识

对创意旅游的概念定义国内外学者还未达成一致，存在研究视角、概念内涵与外延等多方面分歧。国外学者对创意旅游内涵的阐释有较强的人本化倾向，注重游客融入创意过程；我国的“产业化”思想流派具有明显的产业化倾向，注重创意思维在旅游产业内的延伸。虽然国内外学者对创意旅游的概念与内涵表述各异，但也形成了几点共识：第一，创意旅游是以文化要素为基础支撑和前提的；第二，创意旅游的产品表现形式是多样的；第三，严格意义的创意旅游需要游客直接参与创意生产；第四，创意旅游实施的根本目的在于提升旅游发展水平，增加旅游附加值。

## 四、创意旅游与传统旅游和文化旅游的比较

创意旅游之所以为新型旅游业态，就是因为其不同于传统的旅游业态，立足于文化旅游并且与其有根本差异。根据厉无畏（2007）、赵玉宗（2010）、张胜男（2014）等人的研究总结，对三者进行横向比较，具体内容见表 2-3。不难看出，文化旅游是对传统旅游的升级，文化成为现代旅游活动的灵魂。而创意旅游则是在文化旅游发展的基础上，融入创意思维和创意产业发展的价值体系，是对文化旅游产业的进一步转型与升级，顺应了现代旅游业发展的潮流。

**表 2-3　创意旅游与传统旅游和文化旅游的特征比较表**

| 比较指标 | 创意旅游 | 文化旅游 | 传统旅游 |
|---|---|---|---|
| 旅游者特征 | 成熟消费者；追求个性化消费体验 | 较成熟消费者；追求文化消费体验 | 无经验的消费者；大众化消费 |
| 消费内容 | 体验、合作生产 | 产品、过程 | 产品 |
| 学习与参与特征 | 积极参与学习技能 | 被动学习、被动参与 | 被动学习 |
| 产业发展导向 | 以引领市场和培育消费者为发展导向 | 以文化资源和市场为导向，以文化传承为导向 | 以资源和市场为发展导向 |
| 产业资源 | 有形和无形社会资源 | 有形和无形的文化资源 | 有形自然和人文资源 |

续表

| 比较指标 | 创意旅游 | 文化旅游 | 传统旅游 |
| --- | --- | --- | --- |
| 产业驱动力 | 以“软件”要素为主 | 以“硬件”要素为主，辅助“软件”要素 | 以“硬件”要素为主 |
| 竞争方式 | 创新竞争 | 价格竞争、文化特色竞争 | 价格竞争 |
| 产品特征 | 个性化；主客互动互融的活动；综合且无季节性限制的全年旅游 | 中性化与规模化；局部主客互动；有季节性限制 | 大众化；主客相互隔离的活动；单一且具有季节性限制的旅游 |
| 产业技术 | 旅游消费者都是使用者；科学技术深度整合 | 文化体验消费者是使用者；科学技术局部整合 | 使用者范围受限制且技术孤立 |
| 产业边界 | 无限边界 | 有限边界 | 有限边界 |
| 产业管理 | 模块化集成 | 条块化分割 | 条块化分割 |
| 产业价值 | 价值体系增值 | 文化相关产品增值 | 直接相关产品增值 |
| 产业目标 | 多元目标：自然、经济、社会目标 | 双重目标：文化与经济目标 | 单一目标：经济目标 |

资料来源：根据厉无畏（2007）①、赵玉宗等（2010）②、张胜男（2014）③等研究成果整理。

## 五、对创意旅游内涵的再理解

纵观国内外概念界定可以发现，其实大家都认同“创意旅游以文化为基础、关注游客深度体验、注重提升旅游产品开发水平”等基本内涵。为了将这些概念进行统筹，笔者认为，可以将创意旅游理解为是创意产业与旅游产业的融合，而融合的结果是不同的创意旅游产品形态。综合以往研究，为更好地对国内外界定进行统筹归纳，笔者认为，创意旅游可以看作是一种旅游产品形式，有创意展示、创意空间和创意旅游活动三种形态，也可以看作是一种旅游开发方式或理念，可以将创意旅游概念分为狭义概念和广义概念。

### （一）狭义的创意旅游

狭义的创意旅游即严格意义上的理解，是指引导旅游者积极参与到旅游地文

① 厉无畏，王慧敏，孙洁．创意旅游：旅游产业发展模式的革新[J]．旅游科学，2007，21（6）：3．

② 赵玉宗，潘永涛，范英杰 等．创意转向与创意旅游[J]．旅游学刊，2010，25（3）：72．

③ 张胜男．文化旅游与创意旅游比较分析[J]．旅游论坛，2014，7（6）：7-11．

化活动或技能学习当中，通过目的地居民和旅游者互动的方式，激发旅游者产生创意并获得对旅游目的地文化深度体验的一种旅游活动形式。

**（二）广义的创意旅游**

广义的创意旅游即宽泛意义上的理解，是指为了让旅游者获得对目的地文化的深度体验而采取的一切创意设计。广义创意旅游包括三个水平层次：初级产品——以创意景观、文化展示为特征；中级产品——以创意空间或创意氛围为表现形式；高级产品——以主客互动为特点，具有主客互动活动的创意激发过程，创意旅游活动。对广泛意义上的创意旅游而言，其产品可以分为初级层次产品——创意景观或文化展示，中级层次产品——创意旅游空间，高级层次产品——创意旅游活动。

显然，狭义创意旅游其实就是广义概念的最高级层次和高级产品形态，也是国外最早提出的概念。而广义创意旅游则是对狭义概念的泛化，是将创意思维引入旅游产业而产生的产业化概念，也就是一切运用创意思维进行旅游开发的现象和行为都可以纳入了创意旅游范畴，本书正是基于此界定的阐述。

## 第二节　创意旅游的典型特征

### 一、以文化为本位

以文化为本位这一典型特征已经成为国内外学界和业界达成的共识。创意旅游与文化旅游在本源上是一致的。一般认为，创意旅游是文化旅游的延伸和高级化，甚至有学者将创意旅游称为高级的文化旅游[①]。随着文化旅游从精英阶层演化成大众旅游的一种形式，文化复制与文化旅游产品雷同问题也越来越严重。创意旅游是基于文化旅游和创意产业发展而来的。它对基础设施要求低，不需要大量的实体建筑，而是以文化资源为基本的生产要素，以文化内涵为主

[①] 周钧，冯学刚．创意旅游及其特征研究[J]．桂林旅游高等专科学校学报[J]．2008，19（3）：395．

要创意内容，挖掘文化元素并满足旅游者多元的文化体验需求。创意旅游以文化为本位，这既体现在其所包含的满足旅游者文化体验需求的文化要素上，也体现在旅游场域中社会活动中所涉及的文化交流与互动当中。创意旅游的发展能很好地解决以往文化旅游中呈现出来的文化复制与文化旅游产品雷同问题。总之，创意旅游实施目标在于让旅游者感受到旅游目的地特色鲜明的、可识别的地方文化符号和文化内涵。

## 二、以创意为基准

创意旅游的兴起源于创意产业的蔓延。创意产业则是在经济发展到一定阶段，人们对精神层面的需求逐步上升到一定高度所引发的产业。随着人们消费需求和审美标准的不断演化，在任何情境下的商业形态都需要以创新作为其根本发展动力。而创新的商业体现就在于创造有创意的产品。创意是一种独特的思考和处理问题的方法，也是将综合知识应用于新的问题领域的实践活动。创意能给人一种充满活力和不断革新的印象，同时也符合社会发展进步的一般规律。创意旅游中的创意元素包含两层含义：一是根源于创意产业，例如一些创意手工艺品、创意表演艺术、创意摄影作品等创意产业产品和创意成果的展示，这只是为旅游者提供视觉或听觉和触觉的浅层次体验，旅游者只是被动参观；二是现场的、动态的创意过程，融入了旅游者积极参与行为和创意思维，属于完全意义上的具有主客互动特征的创意产品生产过程，也是具有不可重复性特征的最高级层次创意旅游形式。创意商品或景观的展示充分体现了旅游接待方的创意思维，而真正意义上的创意思维激发和互动活动则融入了旅游者的创意与思考。总之，创意旅游的实施必须以创意为基准，时刻离不开创意。

## 三、以互动体验为过程

随着体验经济和知识经济时代的来临，越来越多的旅游者已经不再满足于观察文化景观，而是更倾向于寻求旅游地文化体验。创意旅游的宗旨就正好迎合了这一需求。初级层次的创意景观展示和中级层次的创意空间与氛围塑造把文化体验限定在了旅游者的感官体验层面。设计者把设计好的创意作品展示给旅游者，旅游者通过眼睛、耳朵、皮肤对旅游地的创意成果进行欣赏。旅游者有可能被东道主设计的创意成果所打动甚至被震撼，体验效果比传统的文化旅游更持久。但这只是浅层次的主客互动。随着创意旅游产品的升级，东道主设计的创意成果越来越多地加入了游客参与环节，甚至是达到游客融入创意思维的境界，这就是最高层级的创意活动过程。与一般的旅游体验不同，创意旅游的根本宗旨就是让旅游者自己参与创造体验，需要旅游目的地东道主和旅游者之间共同协作。在这个过程中，旅游者承担创意消费者和创意生产者双重角色。旅游目的地提供了旅游地文化资源与素材以及创意引导者，为旅游者提供了激发创意潜能的创意生产空间和机会，旅游者则可在参与旅游地文化和技艺学习与创意生产过程中获得终生难忘的体验。

## 四、以产业融合为前提

作为一种新兴的旅游业态，创意旅游的实施需要融合文化、经济、技术、信息等多领域要素。由于文化和旅游的覆盖面广，加上创意对与之相关联的科技、艺术、经济等进行糅合，使创意旅游业具有高度的融合性和较强的产业渗透力和辐射力。创意旅游其实是用创意产业的思维方式和发展模式来整合旅游地的旅游资源，创新旅游产品形态，锻造和拓展旅游产业链，发挥旅游产业的关联带动效应，所以创意旅游可以推动旅游产业升级[①]。创意旅游业虽然属于第三产业，但它能够带动旅游地的农业、工业、制造业、服务业等多产业领域共同发展，能有效实现第一产业、第二产业和第三产业的融合发展，进而拉动地方经济与文化全面发展。同时，创意旅游业的发展还有助于整合旅游地的历史文化资源、商业文化资源和社会文化资源等各类特色文化资源，实施跨边界产业融合渗透，形成能够被现代旅游者所喜欢的新型文化，并且有助于文化的传承和创新。本书所关注的草原非物质文化资源，在创意旅游开发情境下就能得到更好地传承和传播。

---

① 厉无畏，王慧敏，孙洁．创意旅游：旅游产业发展模式的革新[J]．旅游科学，2007（6）：2．

## 五、以高附加值为利益引诱

高附加值是附加价值的简称，是在产品原有价值的基础上，通过生产过程中的有效劳动新创造的价值，即附加在产品原有价值上的新价值。创意旅游的文化本位特性就决定了其比普通旅游产品具有更高的附加值。而具有高附加值本身也是旅游产品的典型特征。传统的旅游产品附加值常常只是旅游目的地单方面的设计和创造。例如奇特的文化景观展示和舞台表演都可能博得旅游者的认可，进而获取高价的门票收入。创意旅游产品更高的附加值则来源于旅游地东道主和旅游者之间的互动体验，其中不仅涉及了文化交流，还涉及了旅游地文化技能的学习与传播以及旅游者创意思维的投入。虽然创意旅游产品是东道主和旅游者的共同创造，但对旅游者而言，其中产生的创意成果以及创意生产体验则是无价的。这对旅游地的收益恐怕不是一般的门票收益能比的。所以创意旅游活动的高附加值是显而易见的。

## 六、以资源利用与旅游活动的可持续性为优势

创意旅游以文化为本文，将其视为核心旅游资源。旅游地文化资源始终处于不断的社会发展进程之中，而且文化资源尤其是非物质文化资源本身具有可重复利用的特征。与此同时，旅游者的创意能力也一直处于不断提高和变化的状态，其创意思维也随时代的进步而进步。创意旅游的开展有助于旅游地文化的传承、传播和复兴，能够对旅游地可开发利用的文化、历史、品牌、技艺甚至符号等无形资源以及旅游内容和方式进行无限的更新和发展，而且不需要过多的基础设施和硬件支撑。总之，创意旅游资源具有明显的可重复利用特性，创意旅游产品可以无限生产。创意旅游本身具有发展的无限性，是一种可持续性很强的旅游业态。

# 第三节　创意旅游产品形态

## 一、创意旅游的发展形态

综合整理国内外学者的研究成果可以发现，创意旅游无论是作为一种旅游产

品还是旅游活动形式，从旅游者被动消极地购买创意商品、参观欣赏创意景观到非常积极地参与到创意产品的生产过程中，创意旅游都展现出了不同的发展形态。理查德 2011 年专门撰文并绘制了创意旅游形式图[①]（如图 2-1 所示），以此来说明创意旅游的兴起是由于旅游生产系统的进化升级。并且文化旅游和创意旅游的关系争论表明创意旅游其实是远远超出了文化旅游的发展水平。从图中不难看出，从“将创意作为背景”到“将创意作为活动”，随着旅游地东道主提供的创意载体发生变化，主客之间的参与和互动程度逐步增加，旅游者获得的体验经历也在从购买创意商品到主动参与创造创意商品发生质的变化。

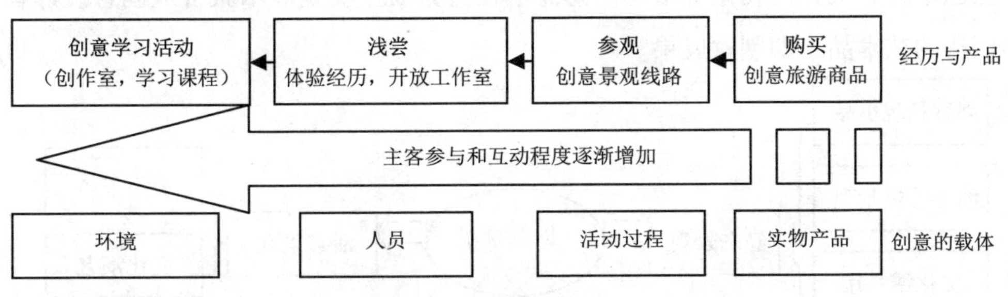


图 2-1　创意旅游的形式

理查德的创意旅游形式图充分展示了创意旅游发展形态的连续系谱，有助于我们更好地理解创意旅游产品形态。在此基础上，理查德指出创意旅游的发展类型可以归纳为三个基本类型：即创意景观（creative spectacles）、创意空间（creative spaces）和创意旅游（creative tourism）。我们可以将其理解为三种创意旅游产品类型或创意旅游开发的三种水平层次。从创意景观、创意空间到创意旅游，这三个层次从被动到主动、从低级向高级逐渐递进，游客在主动参与中提升创意潜能。创意景观表现为旅游地居民通过表演、展示等有创造力的活动而形成的景观。创意空间是激发旅游者创意灵感发掘其创意潜能、在视觉上和情绪上都富有吸引力的平台，对旅游地创意经济发展和功能完善都具有重要作用。基于创意景观和创意空间的创意旅游是旅游者在积极参与活动、挑战技能中的创意收获。从“点”到“面”再到“立体”，全方位促进个人发展及旅游地文化展现。

① Grey Richards. Creativity and Tourism [J]. Annals of Tourism Research，2011，38（4）：1239.

## 二、创意旅游的初级产品形态：创意景观

创意景观是创意旅游产品的最初级形态。具体来说，旅游目的地为旅游者展示各种富有创意的创意产品、事物或活动，通过不同形态的创意景观展示来彰显其文化内涵。以创意展示为主要特征的创意旅游产品对旅游者来说形成的创意体验是低层次的，因为他们只是从被动的接受中收获有限的知识，而无法获得个性化的旅游体验。如图 2-2 所示，创意景观可以分为静态的文化创意景观和动态的文化创意景观。

静态的文化创意景观包括创意景观小品、地标建筑景观、创意旅游纪念品和一些艺术馆、文化博物馆等形态。静态的创意景观主要是展示旅游地创意设计者们创造的艺术品，即创意成果。

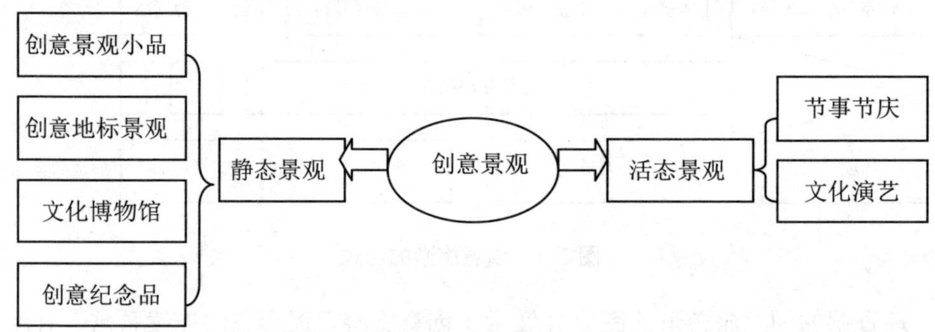


图 2-2　创意景观的类型

动态的文化创意景观包括文化节事节庆活动和文化演艺展示。在当前的网络社会时代，节事事件变得越来越重要。通过举办文化节庆活动可以吸引对该文化该兴趣的旅游者欣然前往。节事活动能很好地将事件、空间和旅游活动融合在一起。Crespi Vallbona 和 Richards（2007）调查研究了巴塞罗那的一系列节事活动发现，这些节事活动对当地居民和游客来说已经成为能够修复和复兴当地文化的创意空间[①]。因此节事活动也越来越多地成为游客获得创意体验的源泉。毫无疑问，越来越多的研究表明，节事活动在促进不同地域空间和社区之间的经济与文化交流中起到越来越重要的作用。文化演艺即通过舞台表演的形式来对旅游目的地文化进行艺术化展示。21 世纪以来，依托少数民族地区的特定舞台或空间场所，凭

① Crespi Vallbona，M.，& Richards，G. The meaning of cultural festivals：Stakeholder perspectives[J]. International Journal of Cultural Policy，2007（7）：103-122.

借特定手段，以展示独特地方文化为目的，以本地歌舞、习俗为内容，以东道主活动为主体，具有表演属性的地方文化旅游舞台表演，以及在我国各地盛行的各类大型实景演出都属于活态的文化创意景观产品。

## 三、创意旅游的中级产品形态：创意空间

创意空间是指能激发旅游者的创意灵感，能帮助其挖掘自身创意潜能的特定空间场域。周钧，冯学刚（2008）认为创意空间不设定具体的主题，为旅游者留足发挥想象和创意的空间余地，旅游者可以在该空间内进行丰富的创意发挥[①]。但一般来说，创意空间也常常是东道主提前进行设计和塑造的。它为游客提供了特定的空间场所，塑造了特定的空间氛围。虽然创意空间不设定具体的创意主题，但实际上是离不开提前的人为设计的，其实东道主在宏观上已经设定了大的主题方向和文化氛围。从而通过同样的宏观环境为不同的游客带来不同的创意体验。如图 2-3 所示，根据所依托的空间场所差异，可以将创意空间分为完全人造设计的创意空间和依托原生态空间设计的创意空间。

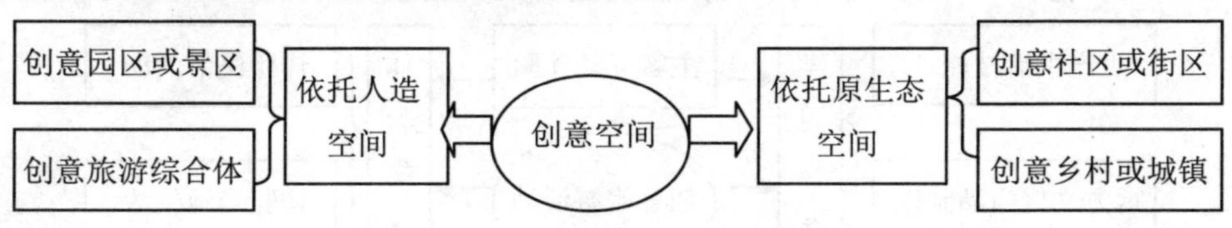


**图 2-3 创意空间的类型**

完全人造的创意空间最典型代表就是在一些发达城市中盛行的创意产业园区，还有以景区形成呈现的创意景区，也有一些人为设计的创意旅游综合体。在这些创意空间内，旅游者可以发挥自己的主观能动性，实现思维的自由。例如近年来名声大噪的北京 798 艺术区依托北京国营联合厂的电子工业厂所在地，利用 798 工厂闲置厂房设计为创意空间，作为中国文化创意旅游景点的典范，已经逐渐成了中外游客到北京必游的景点之一。

创意空间最明显地呈现于一些文化集聚区中，这些集聚区常常呈现为创意旅游

① 周钧，冯学刚．创意旅游及其特征研究[J]．桂林旅游高等专科学校学报[J]．2008，19（3）：396．

文化街区、创意旅游社区和一些创意乡村以及城镇。虽然以往有大量的创意空间研究都聚焦于城市空间，但创意乡村在乡村旅游中的实践已经变得越来越多[①]。在很多少数民族文化集聚区，由于大量的居民外迁和游客涌入，最终造成这些民族文化集聚区虽然被打造为创意旅游社区村落，但仍然会出现“当地文化和文化氛围缺乏真实性”的问题。其实在各类具体的创意空间中也常常会形成更多的创意景观。

## 四、创意旅游的高级产品形态：创意旅游活动

创意景观和创意空间是创意旅游实现的基础硬件条件，但只有发生创意互动行为的旅游才算是完全真正意义上的创意旅游活动[②]。所以，创意旅游活动行为是严格意义上的、狭义的创意旅游，属于创意旅游范畴的最高级产品形态。当旅游者积极参与到旅游地的各项创意活动项目中，从中激发了个人的创意潜力，获得或提升了个人的某项技能或文化体验和认知，个人素养得到了提升，由此产生的文化体验将达到最高水平。如图 2-4 所示，可以将创意旅游活动分为产生创意成果的学习技艺和不产生创意成果的体验文化两大类型。

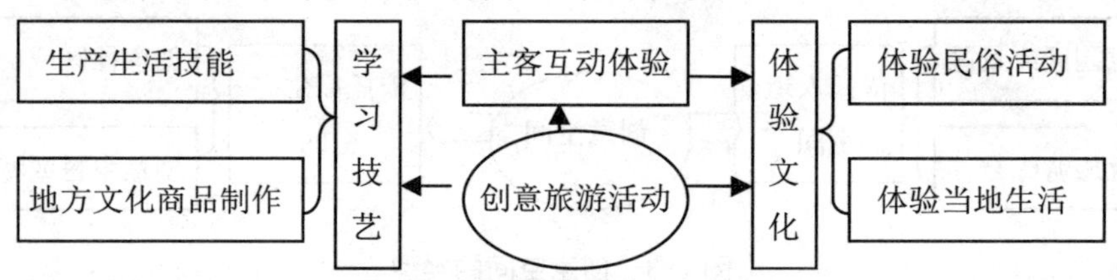


图 2-4　创意旅游活动的类型

基于学习技艺的创意旅游活动可以分为学习旅游地的生产生活技能和地方文化商品制作技艺，例如，一些工艺坊、手工坊为旅游者提供动手的机会。基于体验旅游地民俗文化的创意旅游活动开发分为体验当地的民俗民风类活动和体验当地社区居民的现实生活类型，例如内蒙古锡林郭勒盟提供的“跟我学做一天蒙古人”或“牧羊人的一天”等深度体验类活动项目。这些创意旅游活动的体验核心要素在于创意互动的过程。在新西兰的尼尔森（Nelson），创意旅游作为当地的旅

① Grey Richards. Creativity and Tourism [J]. Annals of Tourism Research, 2011, 38(4): 1240-1241.

② 周钧，冯学刚．创意旅游及其特征研究[J]．桂林旅游高等专科学校学报[J]．2008，19（3）：397．

游发展战略已经开展实施了很多年了。在新西兰的创意旅游开展地区，围绕当地的艺术家活动地开设了一系列创意课程和工作坊来吸引旅游者[①]。

# 第四节　创意旅游的发展模式与运行机制

## 一、创意旅游的价值创造模式

从经济学视角看，各种物质生产活动的进步与革新包括技术创新、管理创新、制度创新等内容，引发了整体经济系统的革新和改进。创意旅游也建立了一种新的生产模式。从文化视角看，创意旅游的最高境界是实现休闲和工作生活的融合，可以促进地区文化的可持续发展，促进旅游地居民的文化自觉和自由全面发展。文化由一系列故事构成，生活则由一系列体验构成。创意则是文化延续和生活得到深刻体验的永恒气质。文化是创意的基础元素，创新创造价值。创意旅游既是创造休闲，也是创造性生活，也可能成为创造性工作。潘海颖，张莉莉（2019）研究并绘制了创意旅游构建图谱，从中揭示了创意旅游的价值创造模式（图 2-5）。

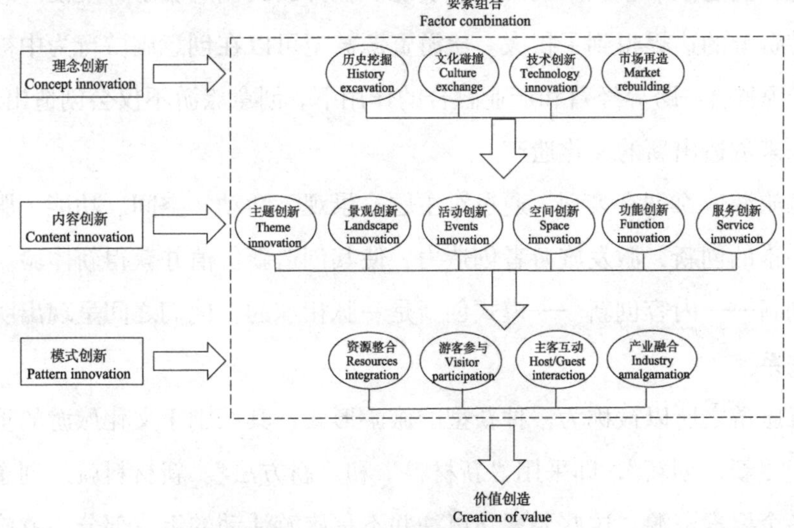


图 2-5　创意旅游的价值创造模式[②]

---

① Grey Richards．Creativity and Tourism[J]．Annals of Tourism Research，2011，38（4）：1242．

② 潘海颖，张莉莉．创意旅游之内涵特征、构建图谱与发展前瞻[J]．旅游学刊，2019，34（5）：131．

在第一层级，旅游发展理念创新是创意旅游产生的前提。旅游发展理念的创新源自于旅游地历史资源的挖掘，旅游地文化和外来文化的碰撞，科学技术的创新，以及基于对旅游市场需求的再理解和对旅游市场需求的创新性引导而引发的旅游市场再造。

在第二层级，旅游内容创新是创意旅游发展具体内容和形式的基础。创意旅游以创意策划为核心，通过对旅游主题、旅游景观、旅游空间、旅游活动、旅游功能和旅游服务等元素的单一方面或多方面的创新，激发旅游者想象力和创造力，进而活动新的个性体验。创意旅游通过促进旅游策划者和消费者角色互动以及东道主与旅游者互动，进而激发旅游者的创新潜能，释放创新能力，有很大的旅游产业链延伸和拓展空间。

在第三层级，旅游模式创新是创意旅游的实施过程。创意旅游通过资源整合、主客互动、游客参与和产业融合的模式来创造新价值。资源整合与产业融合是发展创意旅游的基本动力，价值创造是创意旅游的重要结果。创意旅游不是跟着旅游资源走，而是依靠创意来利用现有资源。在开放的创意旅游开发设计理念指导下，旅游资源的边界得到了扩大。旅游资源甚至可以在创意旅游行为中被创造出来。在资源整合、跨界经营和产业融合的作用下，创意旅游不仅会创造出新价值，还会为未来创造出新的文化遗产。

创意旅游依靠创意策划，通过对主题、景观、活动、空间、功能、服务等不同旅游要素的创新，激发旅游者创造力，使其创造新价值并获得新体验。这其中的理念创新——内容创新——模式创新是一脉相承的，他们之间呈现出明显的互为因果关系。

创意旅游之所以被称为一种新型的旅游形式，其区别于文化旅游的重要落脚点就在于“新、创新”，即采用“新材料”和“新方法”。新材料就是创意旅游所融合的各个要素资源，这些要素在以往并不是旅游活动的组成部分。就旅游纪念品而言，以前只是将生产出来的有形成果作为商品将其出售。而在创意旅游场域中，旅游者可以观看旅游纪念品的制作过程，也可以参与其中，学习制作工艺流程，还可将其创意思维和劳动融入旅游纪念品的制作中，最后还可以将融入自身活动和体验技艺的旅游纪念品成果带回家中，同时获得了难忘的旅游体验。在创意旅游活动中，最明显的创新在于旅游者的介入。旅游者不仅是旅游活动的现场体验者，还是自身深刻体验的创造者，也是创意旅游生产过程中不可缺少的一个重要组成部分。所以，国内外学者都认为创意旅游是对文化旅游的转型、创新与升级。

## 二、国外的创意旅游发展模式

创意旅游在国内外以不同的方式兴起并快速蔓延开来。在国外，创意旅游的实现更多是关注和重视旅游活动主体本身，关注旅游者的自我发展。创意旅游是在旅游者、服务者与旅游地社区进行思想与技艺交流时才产生和发展的，同时通过各种不同的手段和形式进行相互影响。

国外创意旅游目前主要存在两种模式[①]：第一种创意旅游模式是以艺术或工艺品生产为主要特征，最终会创造出有形的最终产品。例如创意旅游新西兰开办的互动工作室，目的在于挖掘传统内涵，生产创意作品。法国、意大利、希腊和西班牙等旅游地开展的绘画、烹饪、歌唱、工艺品、雕刻和爵士乐等即兴创作活动。伦敦苏荷区为提供常用旅游产品而创立的创意信息网络。还有法国传统工艺刀具、香水制作，韩国陶瓷、绘画工艺创作等一些融入地方特色的工艺品制作活动。

第二种创意旅游模式是以创意体验过程为特征，最终并不会创造出有形的最终产品。例如 Kostopoulou 提出在世界历史文化交汇的海滨地区营造动态的创意环境，以此来吸引新的创意旅游者也是一种创意旅游形式[②]。还有英国艺术家具有创意居民的核心特征，这些持有浪漫主义情怀的艺术家和目的地居民热衷于传统文化、地方认同及真实的生活方式，在参与创意活动过程中对社会经济与文化环境产生积极影响。还有些地方通过参与一些考古和文化知识学习活动，旅游者从中获取知识并拓展想象力。可见，此类创意旅游的成功在很大程度上取决于旅游者的创意活动过程，而并非最终创造出的旅游产品。所以 Wattanacharoensil 和

---

① 张胜男．创意旅游发展模式与运行机制研究[J]．财经问题研究，2016（2）：126．

② Kostopoulou，S．On the Revitalized Waterfront：Creative Milieu for Creative Tourism [J]．Sustainability，2013，5（11）：4578-4593．

Sakdiyakorn 认为应在更广泛的现象中重新定义创意旅游，创意旅游涉及从体验到创意、从有形到无形、从高端文化到真实生活这三个方面的转变[①]。

## 三、国内的创意旅游发展模式

国内的创意旅游发展模式与国外创意旅游模式有很大的差异。由于旅游产业的发展需要在创意思维的革新基础上进行外生性改良。国内的创意旅游主要是产业发展模式，常常是基于旅游地文化特色的创意旅游实践模式。与国外相比，国内的创意旅游在深度和广度上都存在较大差距，还有很大的挖掘空间。

目前，我国以旅游地文化特色为基础的创意旅游发展模式主要体现在旅游目的地建设和旅游产品开发方面，而在创意旅游服务和创意旅游管理方面做得相对较少。例如上海的田子坊和 1933 老场房是基于艺术与商业的结合而产生的。北京的 798 艺术区、南锣鼓巷和大栅栏等历史文化体验街区都是在展现前卫和时尚的生活方式与艺术创作，属于旅游地建设和创意空间建设的范畴。总体来看，目前国内的创意旅游发展主要依赖于地方传统、技能技术的独特性，而进行创意展示和创意空间氛围的塑造。其重心并非在于为旅游目的地增加创意元素，而是基于目的地相关要素而进行开发创意产品。

实际上随着国内对创意旅游概念的引入，创意旅游发展实践主要在创意产业园区内展开，而且创意旅游开发仅停留在创意展示和创意空间建设的阶段，距离国际上盛行的创意旅游活动还有很大差距。一方面，国内的创意旅游产品更多地表现为主题公园、艺术园区、节庆演艺和文化街区等模式。就连上海的创意产业园区所进行的尝试，也都是在利用创意产业手段、创意产业链来表现出一定的开发潜力。另一方面，民族旅游地创意旅游发展模式具有地方特色，例如文化创意旅游集群式发展模式，基于旅游地居民的日常生活，依靠主客双方的体验以及旅游者的想象力和技能变化潜力，最终超越传统的旅游空间。这些区域的创意旅游发展在一定程度上可以实现旅游者发现并帮助创造新的旅游区域，他们可以参与

---

① Wattanacharoensil，W.，Sakdiyakorn，M. The Potential of Floating Markets for Creative Tourism：A Study in NakhonPathom Province，Thailand [J]. Asia Pacific Journal of Tourism Research，2015，（Ahead－of－Print）：1-27.

目的地的品牌重塑，可以为旅游地发展和改造做出贡献。

## 四、创意旅游的运行机制

### （一）基于互动体验的旅游地真实性展现机制

创意旅游以互动性为其最重要的运行因素。首先，主客互动体验解决了旅游地发展中的文化真实性问题。具有主客互动特征的创意旅游发展能极大地推动当地创意产业（尤其是艺术和工艺）发展，还能推动旅游地政府支持当地旅游发展。创意旅游产业逐渐成了旅游空间的再生和转型工具。创意旅游活动能在旅游地开发旅游活动空间中起到越来越重要的作用。其次，旅游地文化的真实性一直是学术界多年关注的热点与难点。旅游地文化真实性取决于旅游体验自身以及旅游者的想象力和技能变化的潜力，而并非依靠外部的参照物或体验的场所环境。创意旅游地因开展当地文化集群和事件集群而强化了游客的真实性旅游体验。创意旅游能将创意深入到当地居民生活的细节中，能使旅游者发现并帮助创造新的目的地旅游区域。有创意的旅游地空间包含资源环境、旅游者和当地社区居民等相关因素，这构成了旅游地内部系统，是决定旅游地吸引力的重要因素。旅游目的地居民和旅游者参与当地旅游发展是整合社会、经济和环境可持续发展的关键因素，是提升旅游地竞争力的发展战略。

### （二）基于全方位手段的创意旅游产品开发机制

创意旅游产品开发是一项系统的工程，其运行需要一定的特殊区域空间，需要以创新的思维整合旅游资源、创新旅游产品并锻造旅游产业链。创意旅游产品设计依托旅游者与旅游目的地社区和居民之间创意性互动。旅游者在互动的过程中，将其知识或技能进行输入，进而开发个人创意潜能，最终形成个性化的旅游体验经历。在设计历史文明地创意旅游产品、创意旅游活动内容及与创意旅游产品密切相关的创意旅游线路时，从点到线再到面，层层推进。在挖掘旅游地文化底蕴而设计创意旅游产品时，可以运用信息技术手段提供最优的旅游线路，可以规划出独特的创意旅游空间，可以通过一系列信息技术手段，将创意旅游资源在网上以直观、动态的和可互动的方式展现给旅游者。所以，在旅游产品设计、旅游市场营销、创意产业链等环节都可以充分利用创意手段创新旅游产品，实现旅游业的功能转型。

**（三）基于旅游地文化环境的创意旅游氛围塑造机制**

创意旅游地的旅游要素不仅表现为当地的有形建筑物质元素，也表现为人、网络及其他无形元素，如当地记忆、历史、社会关系和文化认同等文化元素。创意旅游的重要基础是发现与旅游地密切联系的活动，寻找旅游地资源和游客需求之间的联系纽带，从而创建旅游供给与旅游需求之间的桥梁。创意旅游具有解决旅游地文化创意产业实践问题的潜力。创意旅游可以通过数字创新生态系统将建筑文化遗产和城市公共区域相结合，通过物理介体、社会文化和数字联通三个层面的设计，创造游客参与的友好空间，扩大公众的参与度。文化集群与事件集群的融合可以实现居民与游客共同的归属感，增强创意旅游吸引力，两者的互动在较深层面实现可以目的地与居民、居民与旅游者之间深层次互动。旅游地是文化的容器，发展创意旅游不仅要兼顾美学规划与环境设计的视角，实现人、环境的和谐，还要兼顾多方权利，包括政府、旅游地设计者和目的地居民和游客的权利。只有兼顾当地居民乃至于来自于不同国家和地区的旅游者等参与审美和创造性活动的权利，才能促进具有社会性和多元化特征的创意旅游向纵深层面拓展，提升旅游地竞争力。

# 第三章　草原旅游地文化资源盘点与创意旅游开发动力

## 第一节　草原旅游地文化相关概念与类型

### 一、文化与草原旅游地文化的含义

所谓文化，即指与非我群体相区别的一系列行为及其产生的物质结果，还有支配该行为的精神。从文化结构视角分析，文化有二分法（精神文化、物质文化）、三分法（精神文化、行为文化、物质文化）和四分法（精神文化、行为文化、制度文化、物质文化）等多种分法[①]。以四分法为例，对特定民族来说，与他族之间的差异首先体现在处于核心层次的精神文化方面，涉及宗教信仰、价值观念、审美意识、伦理道德、思维方式等内容。其次是行为文化，即社会行动者的行为差异，包括人的行为模式、生产生活方式、婚姻与家庭方式、风尚习俗、节日等。再者是制度文化，包括政治与经济制度、体制、法律等。文化的表层则是物质文化，指衣食住行用及劳动工具等物质化的文化现象，是社会行动的物质结果。在这四个文化层次中，由内到外依次是精神文化、行为文化、制度文化和物质文化。精神文化处于核心层，最稳定且不易改变。而处于文化表层的制度文化和物质文化都易于改变，缺乏稳定性。每个民族在历史发展实践中，都会逐步积累形成特定的价值观念和信仰。这些精神文化指挥和影响着他们的行为文化、制度文化和物质文化的形成与变化。而任何层面的文化符号发生变动都意味着群体符号边界的变动[②]。

草原旅游地文化，即指在草原旅游地形成的、特有的地方文化。同样包括草原居民的精神文化、行为文化、制度文化、物质文化。物质文化也成有形的草原

---

① 林耀华．民族学通论（修订本）[M]．北京：中央民族大学出版社，1997：388．

② 宋河有，张冠群．民族旅游场域中的东道主族群符号边界变动[J]．北方民族大学学报（社会科学版）：2019（6）：62．

实体文化，其他文化内容则可称为草原非物质文化。

## 二、内蒙古草原实体文化资源的类型

草原旅游以其广袤的自然环境和独特的草原文化独具魅力，其核心吸引力就在于草原文化。游客对草原旅游地文化的认知首先建立在对当地文化物质层面的感知和认知上。物质文化不仅反映物质客体本身，还反映着物质客体背后的人的行为，因此人们可以通过物质文化快速地构建起相关人物、事的认知。文化的呈现需要借助物质形态的符号来展现，一些文化可以通过物质客体直接表达，即使是涉及人的行为及更深层次的东西，也需要借助于物质客体也就是各种形式的符号来呈现。蒙古包、红白食、勒勒车、蒙古族服饰、马头琴、蒙古文字等，这些都是草原旅游地最典型、最基本的文化符号要素，也是游客在草原旅游场域中首先审视的符号对象。如游客对马头琴这一物象符号的直观感知体验为形状、材质，甚至音质，这是最表层的，也是最浅显的。

**表 3-1　草原旅游地文化符号类别与内容举例**

| 文化符号 | 具体事物举例 |
|---|---|
| 空间符号 | 草原、蓝天、牛羊、蒙古包聚落等 |
| 物象符号 | 蒙古包、勒勒车、服饰、马头琴、器具、餐饮、蒙古文字等 |
| 景观符号 | 体现蒙古族文化内涵的景观小品、蜡像、门景系统、标志物等 |
| 衍生符号 | 蒙古族旅游纪念品 |

资料来源：根据张冠群（2019）整理①。

## 三、非物质文化与草原非物质文化的含义

非物质文化与物质文化相对应，是人类文化精神的非物质载体，表现形式有民俗、艺术、宗教、制度和知识等五种基本形式。对内蒙古草原地区而言，草原民间音乐、民间戏剧、民间舞蹈、民间杂技、民间美术、民间手工技艺、人生礼俗、民间信仰、口头文学，这些都是宝贵的非物质文化资源，既包括传统非物质文化遗产，又包括流传于当今草原的非物质文化现象。非物质文化承载着地方文化基因，体现着特定地域内人们适应自然、乐观生活的智慧与独特的审美情趣。

① 张冠群．民族旅游场域中文化符号系统的构建——以草原旅游为例[J]．青海民族研究，2019（1）：71-75．

通过对非物质文化遗产的欣赏和理解，可以最大程度领略地方民间文化精华，把握地方文脉，深入体验地方文化[①]。非物质文化是一种重要的潜在旅游资源，对草原旅游业发展的作用不仅大，而且是持久和根本的[②]。

## 四、内蒙古草原非物质文化资源的具体类型

内蒙古有 13 亿亩草原，占全区面积的 73.26%，可利用面积居全国首位。广大草原区是我国少数民族的主要聚居地，内蒙古有少数民族 48 个，人口约 500 万[③]。以蒙古族为代表的生活在草原上的游牧民族，在漫长的历史长河中，不断与居住地自然环境相适应，通过多种方式对草地资源进行合理利用和保护，形成了崇尚自然、注重和谐与可持续发展的古朴草原文化，其中的非物质文化资源类型多样（表 3-2）。草原非物质文化不脱离草原居民的生活生产方式，是民族个性、民族习惯的显现，存在于民间、依托于人而存在，以声音、形象和技艺为表现手段，以言传身教为文化链得以延续，是鲜活的草原文化及其传统中最脆弱的部分。

表 3-2　内蒙古草原非物质文化资源类型

| 文化构成 | 核心内容 | 细分内容 |
| --- | --- | --- |
| 宗教信仰文化 | 蒙古族原始宗教 | 自然崇拜、长生天崇拜、祭敖包 |
| 草原节日文化 | 草原节庆 | 那达慕大会 |
| 居民生存文化 | 草原民间生存状态 | 游牧文化、狩猎文化、婚恋嫁娶文化、丧葬文化 |
| 居民饮食文化 | 蒙古族传统饮食制作工艺 | “红食”（牛肉干）、“白食”（奶酪、奶干、奶豆腐）、“紫食”（奶茶）等传统食品制作；奶酒（牛奶酒、马奶酒、驼奶酒）制作 |
| 草原医药文化 | 蒙医、蒙药技术 | 蒙医技艺、蒙药制作 |
| 草原艺术文化 | 蒙古族歌舞艺术 | 蒙语歌、蒙古长调、马头琴、安代舞等 |
| 草原建筑文化 | 蒙古族建筑艺术 | 蒙古包制作 |
| 草原工艺文化 | 传统工艺品制作 | 蒙古服饰、勒勒车、马具、驼具的制作 |
| 草原体育文化 | 传统体育 | 摔跤（搏克）、骑马、射箭、赛骆驼、赛布鲁、蒙古象棋、套马等；“那达慕”大会 |

资料来源：笔者整理

① 孙丽坤．少数民族地区非物质文化与旅游产业价值增值研究[J]．大连民族学院学报，2013，15（6）：620-622．

② 艾琳，卢欣石．草原旅游业中非物质文化遗产资源利用初探[J]．草业科学，2009，26（9）：1．

③ 艾琳，卢欣石．草原旅游业中非物质文化遗产资源利用初探[J]．草业科学，2009，26（9）：2．

## 第二节　内蒙古草原旅游地代表性文化资源盘点

### 一、饮食文化

#### （一）白食

也称奶食，因奶呈纯洁的白色而得名。奶食主要为饮用和食用两种类型。用来饮用的有：鲜奶、酸奶、奶酒、奶茶；用来食用的有：奶皮、奶酪、奶酥和奶油（奶油有黄油和白油两种）、奶果子等。

在奶食品制作方法上，草原旅游地蒙古族基本保留了古老的蒙古族传统方式，但又在某些方面有独特之处。将鲜奶熬滚，用勺子不时地扬，使奶沫浮在上面，待冷却形成一层皮，取出放在通风地晾干，即是奶皮（蒙语称乌日莫）。把鲜奶盛入瓷罐发酵为沃奶（蒙古语称艾日格），沃奶可分离出糊状白酥油，味酸甜而不腻，拌吃炒米味更美。把白酥油放锅内加热，下米熬煮，油中的酸奶被米吸收后即炼出淡黄色透明的黄酥油来。将取白酥油后的沃奶慢火煮熬，便成浆状酸奶（蒙语称查嘎）。将酸奶装进布袋压榨，便成奶豆腐（蒙语称胡乳达）。将奶豆腐用手攥起，从手指缝挤出晒干，即成奶果子（蒙语称寿莫勒）。

在草原旅游地，用白食招待客人是一种生活必需，也是一种高尚的礼俗。而且在草原地区上，每一次祭祀活动都要奶祭一项，就连新郎乘马，新娘梳头，小孩穿新衣，家人出远门等等也要用圣洁的奶制品祭祀天地，以示吉祥和万事如意。奶食饮料中最为贵重的是奶酒，其次是鲜奶，沃奶，酸奶。牧民用牛羊奶酿制成奶酒。把取白酥油后的沃奶熬制成酸奶过程中，锅口上放一溜酒笼屉，即酿出奶酒来。奶酒的酒精度低，醇香可口，是招待远方朋友和尊贵客人的上等佳品。

#### （二）红食

也称肉食，因肉呈暗红色而得名。传统的红食类型有：手扒肉，羊背子，烤全羊，血灌肠等。

手扒肉是蒙古族最常见的食肉法，其肉稍加煮熟，鲜嫩质松，原味原道，肥美可口，不膻不腻。将全羊切成若干块，白水下锅，不加任何佐料，水沸后出锅，肉香味美，鲜嫩异常。吃时用蒙古刀割、刮、剔，用手抓着吃，故名“手扒羊肉”。手扒肉，蒙古语称“查纳森麻哈”，是蒙古人非常喜爱吃的食物之一。过去，羊在冬春时偏瘦，吃不到新鲜的羊肉。现在，由于个别牧户加强了饲养管理，随时可以吃到鲜嫩的牛、羊肉。尤其逢遇节日、操办喜事、宾客临门，手扒肉更是必不可少。倘有贵客登门，牧民全家老少总要走出蒙古包，恭候客人进包做客。喝过奶茶之后，主人便很快到羊群里挑选一只膘肥肉嫩的大羊，就地宰杀，扒皮入锅，只需喝几碗奶茶的寒暄功夫，就把肉煮熟了。肉赤膘白、热气腾腾的羊肉放到长条木盘里，看着色泽诱人，吃着肥而不腻。

烤全羊须将全羊腹部掏空，填入草原野生的沙葱、香料等各种调味品，吊架在特质的火上直接烤熟。并且使用柏木为燃料，羊肉上涂抹少许酥油，待烤熟后焦黄酥脆，鲜嫩味浓。羊背子，蒙古语称作秀斯、乌查。它是蒙古族很古老的一种传统食品，与蒙古族礼仪相结合，体现出一个重礼仪的游牧民族的饮食风俗。在成吉思汗陵，每年的数十次祭祀，都要放羊背子祭奠。婚嫁喜宴，周岁之礼，老人庆寿等一切隆重典雅的蒙古族盛宴上都离不开羊背子。摆羊背子表达牧人对大自然恩赐的感激，对草原厚爱的回报，对尊贵客人的敬意。

草原上蒙古族宰羊方式非常独特，为胸前宰羊，区别于其他民族的抹脖子宰羊。基本方法是将羊按倒后在胸前用小刀划一个小口子，不伤及内脏，把手伸入胸前，将心脏前的主动脉抓断。所以蒙古族宰羊有三大特点，杀羊不见血，扒皮不用刀，宰羊速度快。

烤全羊宴仪式：烤全羊宴有一套完整而充满蒙古民族风情的仪式。在烤全羊上席时，香飘大厅，掌声四起，这时会有专门的司仪用蒙语和汉语两种语言高吟全羊赞词，并介绍烤全羊的来历：烤全羊是元朝时期蒙古大国宫廷内的一道名菜，享用烤全羊是身份和地位的象征，用烤全羊接待客人不但体现了主人对客人的尊崇，更用剪彩的仪式表达了主人的真诚。接下来请客人中最德高望重的一位作为“王爷”，代表各位宾客受到主人的礼敬，吉祥大师给大家朗声唱颂词，其内容翻译成汉语就是祝福客人吉祥如意、祥和美满。有双手捧着洁白的哈达的蒙古族姑娘，唱着甜美的祝酒歌，用银碗向尊贵的客人敬酒。“王爷”接过蒙古刀，在羊的身上划个“十”字，从羊身上割下一块肉，再接受蒙古族姑娘的银碗敬酒，用无名指蘸酒弹酹，举杯祝词，然后一饮而尽。最后，由蒙古族歌手给大家敬酒、献歌。在蒙古族礼仪中，这是极为重要的一个环节，歌手会向客人鞠躬，接受祝福的客人要起身站起，将主人的敬酒一饮而尽。在祝酒过程中，伴有歌手的歌唱祝词，看着客人喝完酒，并同时接受客人的回敬，歌手再鞠躬，整个献酒仪式才算完美。

**（三）紫食**

也称茶食，蒙古族人民喜欢喝茶，特别喜欢喝奶茶。奶茶，亦称蒙古茶，是蒙古族人最喜好的不可缺少的饮料。俗话说，“宁可一日无餐，不可一日无茶”。在蒙古民族中，茶叶被称为“仙草灵丹”。茶叶中含有丰富的营养成分，有强心、利尿、养胃、健脾、造血、造骨、解毒、去火、明目、提神醒脑和强化血管壁等药用功能，还有溶解脂肪、增强人体抵抗力、促进消化等作用。过去由于草原上放牧而生，没有种植，没有蔬菜，所以喝茶可以填补缺少维生素的空白。茶叶尤其是砖茶，逐渐在蒙古族人民生活中占据了重要位置。这里所说的砖茶也称茶砖，是将茶叶紧固成像砖一样的形状。砖茶根据材料分为青砖茶、花砖茶、米砖茶、黑砖茶、茯砖茶等。蒙古民族特别喜欢喝青砖茶和花砖茶，视砖茶为饮食之上品。

蒙古族牧民日常饮用的茶有三种：奶茶、酥油茶、面茶。蒙语称奶茶为“苏台茄”，酥油茶为“希日陶斯台茄”，面茶为“珠通茄”。在长期生活实践中，牧民们还摸索出了丰富的熬茶技术。煮奶茶方法：通常是将青砖茶或黑砖茶捣碎，抓一把茶装在小布袋里（也可不装袋），放入开水锅里煮，茶在锅里翻滚时，不断用勺子搅拌，三四分钟后，把新鲜牛奶徐徐加入。鲜奶与水的比例可根据自己的习惯而定。奶茶开锅后，以勺频频翻搅，待茶乳交融、香气扑鼻时，即成。一般为浅咖啡色。喜欢咸的加点盐，喜欢甜的加点糖，也可以在喝茶时随用随加。此外，有的地方把炒米或小米先用牛油或黄油炒一下，再放进茶里煮。这样既有茶香味，又有米香味。酥油茶制作：是在已经配制好的奶茶里，适量放入酥油、红糖即成。这种茶在隆重场合饮用的较多，民间一般不多熬制。面茶熬制方法比较复杂：先将青稞面或麦面用油炒熟，再把事先熬好的红茶澄清倒入，搅动后成为比奶茶略稠状为宜。面茶既当茶又可当饭，是牧民冬季食用的茶食。

在蒙古族牧民中，如有客人至家中，主人首先会斟上香喷喷的奶茶，表示对客人的真诚欢迎。喝茶时，桌上需摆上必备的食品，主要有酥油，白油，奶皮子，奶酪，炒米，各种面食等。去亲戚朋友家中做客或赴重大喜庆活动，如果带去一块或几块砖茶，那将被认为是上等礼物，等于奉献“全羊”之礼品。

### （四）米面食

草原旅游地普遍意义上的米类主要有：糜米、小米、黄米三种。糜米的做法主要是做成米饭、酸粥、肉粥、山药粥。特别值得一提的是糜米经过煮炒，加工成炒米，香脆爽口。长期以来，它是蒙古族专用以泡奶茶的主要食品。草原旅游地面食主要有：白面、荞面、豆面、莜面。其中荞面和豆面，成为糖尿病人最受欢迎的食品原料。莜面因当地日照短，温差大，固其营养成分丰富，主要可制成蒸莜面和炒莜面。过去在牧区，草原牧民食米面食很少，主要还是以肉奶为主，佐以茶食，以补各种缺少的维生素。新中国成立以来，牧区生活结构也发生了翻天覆地的变化，饮食中米面食大量进入牧人生活，成为寻常之事。

### （五）酒

作为人类的发祥地之一，草原地区有着悠久灿烂的酿酒历史和独具特色的酒文化。例如，根据朱开沟遗址出土的酒器、酒具考证，鄂尔多斯拥有四千多年的酿酒技术和饮酒历史。几千年来，是美酒将这里的草原文化、游牧文化、婚礼文化、敬酒文化、祭祀文化紧密联系起来，因此鄂尔多斯还被誉为“美酒的故乡”。文化随酒风、酒承受文化雅，世世代代生活在草原上的人民早已和酒结下了不解之缘。草原旅游地酒文化作为中国酒文化的一个重要分支，蕴含着草原人民以酒寄情、以歌结友的浪漫情怀和真诚，展示了蒙古民族的个性。总之，酒已经成为草原人民表达喜悦、倾注情感、增进友谊的一种手段，成为歌颂时代、赞美生活、祝福未来的一片情怀。

#### 1．奶酒

奶酒是蒙古民族传统饮品的统称，一般以马、牛、羊、骆驼的鲜奶为原料酿制而成，尤以马奶酒居多。不言而喻，马奶酒就是由马奶发酵而成的饮品。蒙古族人制作奶酒历史悠久。据史书载，铁木真 1206 年建国时每逢吉庆之日狂饮此酒，增添喜日气氛。1271 年忽必烈定国号为元，尤为盛产此酒。时过 700 多年，生产蒙古酒的原始工艺流传至今仍未改变。它是马奶在乳浆菌和酵母在适宜的温度条件下形成的，是一种营养丰富、香甜可口的消暑良饮。在蒙古帝国时期，马奶酒是大汗祭天和祭祀祖宗时的用品，元朝时被列为蒙古八珍之一。

马奶酒主要是在夏秋水草丰美、牛肥马壮的季节酿制和饮用，是蒙古人所有饮料当中最高档次的饮料，自古以来就深受蒙古族人民的喜爱，并承担着游牧民族礼仪用酒的角色。所以，在蒙古族人民心目中马奶酒是一种高尚、圣洁的饮料，也是内蒙古最有代表性的饮品，因此在日常生活及年节、盛大节日中，常用马奶酒来款待尊贵的客人。

草原地区的奶酒，因原料和酿制方法不同可分为四类：一是叫“祈格”，即由鲜马奶直接发酵而成的酸奶酒，俗称马奶酒，这是奶酒类中最为上等的；二是“萨琳阿日何”、也称蒙古酒，其酿造方法是把提炼过白酥油的牛、羊酸奶煮熬、蒸馏而得；色透明，味酸甜酒精度小，饮后易兴奋但不易醉，但过量又不易解；三是叫“阿日吉”，即将“萨琳阿日何”再蒸馏而得，类同汉族酿制的二锅头酒；四是“洁日吉”，将“阿日吉”再进行蒸馏而成，质同酒精，一般人一次饮一杯足矣。

#### 2. 下马酒

蒙古族的下马酒即迎客酒，这是按着游牧民族的习俗流传下来的表达方式，即为迎接远道来客接风洗尘之意。每位到内蒙古草原的人都要接受蒙古族这项最隆重的接待礼仪。其饮法是：客人左手端银碗，用右手无名指蘸酒弹向天空，蕴意为“敬天”；酒弹向地面，蕴意为“敬地”；向前方平弹，称为“敬祖先”，之后双手端碗，一饮而尽（一饮而尽视为对蒙古族主人的尊敬）。

#### 3. 敬客酒

蒙古族是热情好客的民族，有客来必热情款待，宴饮必备各种酒，献上纯净的马奶酒和各种肉、乳食品，主人和客人必须畅饮。在牧区居住的蒙古族人，在欢迎、欢送仪式上，都要献歌、敬酒。如果有献全羊或羊背等项目就要按礼仪程序进行。整个程序中，先要吟诵祝福和赞美的颂词，继而进行敬酒仪式。一般敬酒礼仪如下：敬酒者身着民族盛装，双手捧起哈达，左手端起斟满酒的银碗，站到主宾的对面献歌。歌声结束后，双手捧着哈达，右手托酒杯举过头顶，向主宾弯腰敬酒。主宾接过银碗，可一饮而尽。敬酒者接过银碗，弯腰表示谢意；再按顺时针方向为下一位客人敬酒或按主人示意进行。蒙古族认为让客人酒喝得足，才觉得自己尽意了，所以到了蒙古人家，主人家从老到少会轮流向客人敬酒，客人不喝下去，主人就要唱劝酒歌，直到客人喝下为止。

#### 4. 婚宴酒

蒙古族从求婚到举行婚礼的整个过程中，酒是不可缺少的。蒙古族在正式婚礼之前，由男方请媒人到女方家求婚。之后，小伙子要去拜见姑娘的父母，敬献哈达，敬酒唱《求婚歌》，表示求婚的意愿。求婚过程中，酒是表达意愿的媒介。蒙古族婚礼至少举行三次宴会，婚礼先在女方家举行。喜日的前一天，新郎与伴郎、主婚人、亲友、歌手等人到女方家。女方家邀请自己的亲友来参加“求名宴”。晚间女方家又设新娘离家前的“告别宴”。新郎、新娘、嫂子和姑娘们坐一席。举行婚礼期间，两位新人向客人敬酒，表达谢意和敬意。而到次日早晨，婚礼结束，宾客准备告辞，娘家在门口备酒席一桌，给每位客人敬“上马酒”三杯，客人干杯后方可启程。

#### 5. 上马酒

到内蒙古草原做客，牧民都要以酒和手把肉款待亲朋好友。伴随客人的就是蒙古人家的盛情和醇香的马奶酒。在准备告别启程时，主人还会准备一次情意缠绵、令客人终生难忘的送客酒上马酒。祝愿客人喝了酒后腿上有劲，一路顺风。客人上路时，主人手持酒碗吟歌送行，其歌绵绵，不绝于耳。其酒浓浓，回味犹香，惜别之情会令客人热泪盈眶。

## 二、服饰文化

服饰是蒙古族文化中格外璀璨怒放、独具特色、引人注目的一朵艳丽之花。

蒙古族的服饰实用、美观，从头到脚都有一定讲究。它已经成为闻名中外的草原文化中不可分割的重要组成部分。因为它诞生和发展在这块草原上，其高雅、潇洒、自然与人的相融性至今为草原牧人所喜爱。它的主要形式有服装和饰品。

**（一）服装**

蒙古族服装主要有蒙古袍、蒙古坎肩、帽子、靴子。

在草原上，男女老幼四季都喜欢穿长袍。这是蒙古族特有的蒙古袍，袍身宽大，束有腰带，因性别不同，样式和颜色也不同。一般女子所穿的蒙古袍比男子的窄些，多以红、粉、绿、天蓝等为主色，逢节庆之时，还要佩戴用玛瑙、珍珠、珊瑚、宝石、金银玉器等编织的头饰；男子则多喜欢穿棕色和蓝色的蒙古袍。

腰带是蒙古袍不可或缺的一部分，多用棉布、绸缎制成，长约三四米，色彩多与袍子的颜色相协调。在草原这样一个多风的地方，束腰带主要是为了抵抗风寒。

蒙古族坎肩做工精细，其花色一般体现在两处：一处是边饰，在坎肩领口、襟缘、底边等前后各处绣花，主要图案为云纹、箭头纹、飞鸟鱼虫。另一处是襟上，绣花一般直接绣在坎肩料子上，图案对称，与边饰互相烘托，色彩明暗有别，艳丽倍加。

生活在草原上的男子喜带帽子，在草原上放牧，夏季可以避免强光照晒和蚊虫叮咬，冬天可以驱寒保暖。夏季一般戴礼帽、凉帽、瓜皮帽，新中国成立后戴中山帽、前进帽。冬季戴鹰式帽、皮帽、毡帽。妇女也有戴帽子的，但主要是围头巾。一般是在冬季戴一种暖帽，类似鹰帽。鄂尔多斯的妇女一般都喜欢罩一块头巾，已婚女子喜欢罩方巾，颜色选大红、大绿的较多。未婚姑娘一般要选彩绸彩缎六尺多长，颜色也多以粉红、大绿等艳丽颜色为主。在头顶缠绕几圈，然后在右侧打下一个漂亮结，并留下齐肩的长短两个穗头。当姑娘们在草地上嬉戏打闹玩耍时，穗头任摆，就像一朵随风摆动的鲜花飘飞在草原上。

蒙古族居民特别喜欢穿靴子。靴子一般高不过膝，厚底，靴头如鱼头状圆且尖，不上翘，挺拔坚直，富有刚毅感。蒙古靴穿在脚上给人以潇洒稳健之感，并且可以防露水、防寒冷、防毒蛇、防虫叮、防灌雪，是久居草原的骑马放牧者不可缺少的伴物。蒙古靴有两种类型，一种是布靴，蒙古语称作为“马海”，一种是牛皮靴，蒙古语称作为“古图勒”。

### （二）饰品

蒙古族称首饰为“陶勒甘久甘”，汉意为头戴。头戴用松石、玛瑙、珊瑚以及宝石、金、银等贵重材料组合而成。已婚妇女戴上这样贵重的饰物，显得高雅、艳丽。它是蒙古族装饰品中的精华，是对蒙古族传统文化的继承。草原地区的头戴在各旗各有不同，而且不同地区的头戴所反应的蒙古族头饰的早晚时代不同。在材料上，普遍采用极为珍贵的珊瑚、玛瑙、珍珠、松石、金银等材料，加之少量绣花，使头饰成为蒙古各部落中的佼佼者。

头戴由三部分组成：第一部分为“连垂”，蒙古语称为“西布格”，是用布和棉絮制成的两个扁圆形物和其下伸出的两截约五寸长的木棒，系戴在已婚妇女脸庞两侧的发辫上。传说这是从成吉思汗时期流传下来的。当初，蒙古各部落之间经常争战不息，战胜者在被俘虏的妇女头发上系上很长的木棒，以防止她们逃遁。久而久之，头发上系木棒便成为已婚妇女的礼俗。所不同的是，长木棒逐渐演变成小巧玲珑约五寸长的小木棒。后来，妇女们又在小木棒上制作了精致的圆锥形外套，上面还绣有各种美丽的花纹图案，缀上金、银制作的工艺品，使其成为精美而绝妙的头饰。在小木棒上部扁圆形物的外面，又加做了蒙古语称“敖日雅德格”的布垫，其上缀满珊瑚、金银制品。第二部分为“头套”，蒙古语称其为“阿日布其”。第三部分为“金银珠环”。

蒙古族服装上还有各类装饰品，主要有如下几种：鼻烟壶袋、烟荷包、碗袋、眼镜盒等。此外，还有多种挂饰，如蒙古刀、火镰、牙签组合、绣花香料包等等。这些挂饰处处体现出鄂尔多斯蒙古族热爱故乡，追求美好生活的质朴、善良、纯洁的心灵。

## 三、住宿文化

蒙古包是蒙古族人世代居住的地方，其实就是一个个游动的帐篷。因为蒙古族人以放牧为主要生活内容，逐水草而徙居，所以他们就创造出了这种搭建和拆卸都很方便的蒙古包。

草原民族是移动的民族。在移动的群体中，毡包独具风采。蒙古包已有千年的历史，古代称为“穹庐”或“毡帐”。它外观呈圆形尖顶，一般以柳木杆和驼毛绳组合编制成蒙古包的支柱，顶上及四周以一至两层白色的厚羊毛毡覆盖，顶中央开有天窗，以利于采光和通气。蒙古包的门都朝南或东南方开设，这与其宗教信仰有关。蒙古包在大雪中阻力小，不积雪，下雨时包顶不存水。包的门方长而小，且连地面，寒气不易侵入。包的乌尼是连接套脑和哈那的木杆。乌尼杆向上支撑套脑，向下依托哈那。乌尼杆的长度是套脑直径的 1.5 倍。乌尼杆上部稍细，下部稍粗。乌尼杆的上端为方形，稳定在套脑的方形插口内。下端为圆形，并有小孔，孔内有绳圈，可以固定在哈那的头部。乌尼杆的制作要求粗细一致、混元光滑。哈那是支撑整个蒙古包的网状木墙。野柳条柔性好，是制作哈那的最佳材料。蒙古人利用哈那的折叠伸缩性，调节蒙古包的高低程度。在雨水多的季节，把包扎得高些，可避免漏雨并保持包内凉爽。在大风季节，把蒙古包搭得矮一些，可以减少风的阻力并保持包内的温度。百叶哈那是用数根相同的细木棍和牛皮绳联结而成，用时拉开便成圆形的蒙古包墙，搬迁时折叠，又能当勒勒车的车板。

古老的蒙古包是蒙古族生命和情感流淌的殿堂。蒙古包的称谓是受满语影响而产生的。满语称“家”“屋”为“博”，“博”和“包”谐音，用汉文书写时，取其音就成“蒙古包”了。草原旅游地蒙古包根据用途划分有四类：普通蒙古包、诺言蒙古包、祭祀蒙古包、车载蒙古包。也可以根据包主身份不同，分为三种类型：一为古老的成吉思汗八白室，二为近代各旗王爷居住的蒙古包，三为一般百姓居住的蒙古包。各旗札萨克（王爷）居住的蒙古包与普通蒙古包差别不大，但其规格要大一些，一般由 8—12 个，最大的 24 个“哈纳”构成。

## 四、交通运输文化

### （一）勒勒车

勒勒车是蒙古族的传统运输工具，历史十分悠久。“勒勒”是牧人赶车吆喝牲口的声音，“勒勒车”因此而得名。勒勒车又叫大轱辘车，也称蒙古式牛车、牛牛车。这种车轮体高大，车身轻便，对于草地、雪地等有较强的适应能力。车身多以桦木或榆木制成，重百余斤，载重可达数百斤乃至上千斤。勒勒车的车轮最大直径可达 1.45 米左右，这样设计的目的是为了在深草和积雪中行走方便。以前，牧民们拉水、搬家、赶那达慕大会等都离不开它。在草原上换季，牧民们搬家的时候，就可以看到一辆辆勒勒车在辽阔的草场上迤逦而行，构成独特的草原一景。勒勒车首尾串联，一人可驾驭三五辆，甚至十余辆，故有“草原列车之称”。

**（二）马**

按照蒙古族的传统概念，五畜是指马、牛、山羊、绵羊、骆驼。“五畜兴旺”表达了蒙古族人民对生活富裕的向往，也体现了现在鄂尔多斯人“以畜牧为主，强市富民”的理想愿望。

以游牧为主的蒙古族视马为最神圣的牲畜，它们就像离不开太阳和月亮一样离不开马。当牧人第一次扬鞭纵马奔驰时，山峦、树木、河流都从身边疾驰而过，大地在缓慢旋转。在这种奔腾中，牧人会享受到在马上的威风。人的活性精神元素统统被激发出来，人变得勇猛彪悍，生气勃勃。马是一种富有灵性和人性以及具有英雄气概的动物。在蒙古谚语中有“马是伙伴，狗是伴当”之说。蒙古族的生活、游牧迁徙都离不开马。众所周知，成吉思汗及其子孙所建立的名震欧亚的蒙古帝国，也完全是在马背上创立的。

蒙古马是中国乃至全世界较为古老的马种之一，主要产于内蒙古草原，是典型的草原马种。蒙古马体格不大，平均体高 120—135 厘米，体重 267—370 千克，身躯粗壮，四肢坚实有力，体质粗糙结实。它头大额宽，胸廓深长，腿短，关节牢固，肌腱发达，背毛浓密，毛色复杂。蒙古马能适应极其粗放的饲养管理，能够在艰苦恶劣的条件下生存。蒙古草原上的冬天十分严寒，常有暴风雪光临。蒙古马可以在这样恶劣的环境中生存下来，说明它们不畏寒冷，具有极强的生命力。蒙古马不论严冬酷暑都生活在野外，所以具有极强的忍耐力。经过调驯的蒙古马，在战场上不惊不诈，勇猛无比。

蒙古马是大脑袋、小身子、腿短，但奔跑速度并不慢，而且耐力十足，十分适宜长途奔袭。必要时，蒙古马可以连行数日而不进粮草，甚至能在相当短时间内在最险恶的地形上越过几乎令人难以置信的距离。由于行军时马匹不必带饲料，士兵又自带各人的食物和装备，而且通常只带最少的用量。因此蒙古军队不需要拖带庞大的后勤供应辎重车队，也不必保留一个后方供应基地。由于大部分蒙古战马都是母马，士兵能喝马奶生活，因此也减轻了军队食物供应的负担。并且蒙古军队的机动性大大增强。

草原上的蒙古马是随着蒙古族不断生息发展的产物，属于亚洲小型马的一个品种。蒙古马的特点是体型小，而四肢较为强壮，所以具有较好的耐力和韧性，但是缺乏爆发力和速度。蒙古马在世界各地享有较高声誉。它可以连续几天时间不停息地进行长途行军。当年，成吉思汗的大军骑跨蒙古马，在敌人没有部署前就出其不备给予致命袭击。蒙古军队之所以能称霸于欧、亚二洲，在一定程度上依赖其精良的骑兵。

## 五、礼仪文化

蒙古族非常敬重礼仪，敬献之俗甚浓，其中既有北方民族数千年流传下来的俗礼，也有成吉思汗四面出征吸收外邦外族文明礼仪的成分。更主要的是蒙古族自己固有的风俗礼仪，这些人类文化汇集的精华，经过蒙古族的传承和不断完善，已成为重要的本土文化。

### （一）献哈达

献哈达是蒙古族人民的一种传统礼节，拜佛、祭祀、婚丧、拜年以及对长辈和贵宾表尊敬等，都需要使用哈达。哈达是一种生丝织品，纺得稀松如网，也有用丝绸为料的。上品“哈达”织有莲花、宝瓶、伞盖、海螺等表示吉祥如意的各种隐花图案。十六世纪中叶，藏传佛教传入蒙古地区，哈达作为日常礼仪不可缺少的物品，并世代相传。献哈达有吉祥之意。献哈达时要庄重、大方，有时还吟唱各种吉祥如意的祝词及赞词，渲染敬重的气氛。赠哈达的方法是：将哈达的折叠口向着接受哈达者，用张开的双手捧着恭敬地递上。一般情况下，接受哈达的人，应将接到的哈达调转折叠口，还给主人。

### （二）敬鼻烟壶

鼻烟是一种烟草制品，鼻烟壶是用来装盛鼻烟的容器，多用玉石、象牙、水晶、玛瑙、翡翠和陶瓷等料制成，样式多样，外形精美，被蒙古人视为珍贵之物。姑娘们恋爱，也以精心刺绣美丽的鼻烟壶袋子作为信物。鄂尔多斯蒙古族中，一般家庭都准备两种鼻烟壶。一种是专为出门和待客时使用的，另一种是在家和比较隆重的场合下使用的。敬献鼻烟壶之礼在献哈达之后进行。平时不献哈达，也可用敬献鼻烟壶来代表尊敬。敬鼻烟壶一般是相互交换。有客来到，便从长者开始，依次与客人递换鼻烟壶。接过对方鼻烟壶后，打开壶盖，将鼻烟取出少许，轻轻地闻一闻，盖好再把鼻烟壶归还原主。

### （三）献德吉

蒙古语“德吉”，具有圣洁之意。在蒙古族的礼俗中，进餐时把第一杯酒、第一道菜敬给尊贵的长者，这种习俗被称为“献德吉”。作为“德吉”的食品一般应该是奶食或肉食。主人要当着客人的面，从食物、美酒中取少量向天扬洒，以示将神圣的“德吉”贡献上苍，这种做法一直延续至今。蒙古族把这种仪式叫泼洒礼。无论是重大的礼仪庆典，还是日常生活之时，向天空抛洒“德吉”时，常行此礼。泼洒礼是用来向天、向地、向神灵、向祖先表示敬意的礼仪。之所以用无名指，是因为蒙古人认为其他几个手指在一般场合下都另有“职责”，只有无名指是“净指”，“泼洒或酹酒”只能用这个手指。此外，在蒙古族婚礼上，也常有献德吉的礼节。

### （四）敬酒

草原旅游地蒙古族认为美酒是食品之精华，五谷之结晶。拿出最珍贵的食品敬献，来表达草原牧人对客人的敬重和爱戴。通常主人是将美酒斟在银碗、金杯或牛角杯中，托在长长的哈达上，唱起动人的蒙古族传统敬酒歌。客人若是推让不喝酒，就会被认为是对主人瞧不起，不愿以诚相待。宾客应随即接住酒，接酒后用无名指蘸酒向天、地、火炉方向点一下，以示敬奉天、地、火神。不会喝酒也不要勉强，可沾唇示意，表示接受了主人纯洁的情谊。

### （五）请安

蒙古族是一个热情好客、讲究礼仪的民族。蒙古族谚语云：“没有羽毛，有多大的翅膀也不能飞翔；没有礼貌，再好看的容貌也被人取笑。”蒙古族牧民无论男女，见面都要问安。蒙古族的请安礼节与满族相似。同辈人相遇互请安，说声“门德”。见到长辈要请安问候，如骑在马上要先下马，坐在车上要先下车，以示尊敬。男的请安，右腿退后半步，曲右膝，左臂下垂，右臂前出下垂；女子则两腿并拢，双手向下附膝，曲双膝，并用蒙语“门德”问候。这种礼节老幼皆宜，无论男女，对长辈、师长都倍加尊重。

## 六、祝颂文化

祝颂是蒙古族上古时期形成的一种民间艺术形式，在历史进程中，从民谣和诗歌里脱颖而出，形成了自己的独特风格。赞词如同祝颂，源于上古时期的民歌谣谚，是用赞歌、赞美诗等对人类活动、人文景观和江河山林等自然景观进行艺术赞美的一种形式。祝词和赞词，是蒙古族民间的一种文学和艺术相结合的形式，它源于古代牧人对天地山川和自然万物的祭拜和对劳动、对生活的赞颂。

随着社会生产的发展，祝赞词的内容不断地被丰富和增加。一段段优美动人的描述，生动形象的比喻，将人们带到一个个丰富多彩的世界中来。传统祝赞词非常丰富，曲调、韵律、语言等保留着蒙古民族古老文化特点，以口头文学形式世代相传。例如鄂尔多斯传统祝赞词有数百部，包括成吉思汗祭奠祭词、神灵祭奠祭词、婚礼祝赞词、祝福词、招福词、祝祷词、人物赞、物体颂、骏马赞、五畜赞等等。其中成吉思汗祭词就有 50 多部，5000 多行，婚礼祝赞词就有 20 多部。这些祝赞词都是通过民间艺人“洪晋”来展现。除此之外，草原旅游地还有丰富的民间故事、民间诗词等珍贵的非物质文化遗产，展现了独特的民间说唱艺术。其中鄂尔多斯祝赞词已经成为自治区级非物质文化遗产。每年在成吉思汗陵举办的成吉思汗旅游文化周，还设有专门的蒙古族传统祝颂大赛。

## 七、传统节日与娱乐文化

### （一）那达慕大会

“那达慕”是蒙古语，“慕”是蒙语的译音，意为“娱乐、游戏”，以表示丰收的喜悦之情。原指蒙古族传统的“男子三竞技”——摔跤、赛马和射箭。随着时代的发展，逐渐演变成今天的包括多种文化娱乐内容的盛大庆典活动和物资交流活动。历史上的那达慕不受时间限制，通常在祭祀山水、军队出征、凯旋、帝王登基、正月以及大型庆典等场合举行。今天的那达慕，每年在夏秋之交举行。一般是看当年牧业的生产情况，小丰收小开，大丰收大开。活动内容除了传统的“男子三竞技”，还有文艺演出、田径比赛、各类经济文化展览以及订货洽谈、物资交流等。

在蒙古族最早的史书《蒙古秘史》中就记载了人们唱歌跳舞举行“那达慕”的盛况。当年王昭君出塞时，草原蒙古人民就曾以这种盛大的活动仪式来迎接她。到了13世纪初，成吉思汗统一蒙古后，他每年都要召集各个部落的首领，举行较大规模的那达慕活动。到了清代，那达慕大会便逐渐演变成由官方定期召集的民间文娱竞技大会。

### （二）马奶节

马奶节是蒙古族传统节日，以赞颂骏马和喝马奶酒为主要内容，故名。主要流行于内蒙古锡林郭勒草原和鄂尔多斯牧区。通常在农历八月下旬举行，日期不固定，为期一两天。为欢庆丰收，彼此祝福，除准备足够的马奶酒外，还以全羊席等款待宾客，并举行赛马、请民间歌手演唱祝词、向老蒙医献礼和乌兰牧骑文艺演出或放电影等活动。据传，那达慕盛会即源于此。

## 八、传统体育文化：蒙古族男儿三艺

在内蒙古草原旅游地一直盛行的蒙古族传统体育项目中，最有影响力的就是蒙古族的“男儿三艺”，也称“好汉三赛”“男子三项竞技”，即赛马、摔跤和射箭比赛。蒙古人的“男儿三艺”不但在那达慕和祭敖包时进行，而且在平时也三五相聚，比赛为乐。

### （一）赛马

赛马是蒙古族人民喜爱的一项传统体育运动。蒙古族自古生活在北方辽阔的草原上，“以车马为家”，常年逐水草迁徙。自然环境的严酷，要求他们必须具备强壮的体魄、坚强的毅力以及高超的技艺，才能适应游牧生产和生活，因此蒙古民族历来重视和酷爱体育竞技。

自古以来，蒙古族人民就对马有一种特殊感情。草原上有这样的谚语："蒙古人夸马，木匠人夸锯"，"要看小伙子本领如何，先看他骑的马"。是否精骑善射，也成为鉴别一个优秀牧民的标准。赛马不仅是每年那达幕大会上的一项体育比赛，也是日常放牧和生活中的一个游戏。

蒙古族的赛马方式多种多样，一般有走马、跑马、颠马 3 种。参加赛马者自愿报名，不受年龄性别限制，少则几十人，多则数百人。赛马比赛距离不等，由古 3 000 米、5 000 米、10 000 米等短程赛，比赛时为减轻马的负荷量，大都不备马鞍，参赛者不穿靴袜，只穿华丽的彩衣，头束飘带，煞是威风壮观。

参赛马匹不分品种，分组抽签，分道比赛，按时间多少录取名次。比赛中，参加者只准一人一马，没有特殊情况不准换马，比赛分直线跑道和圆场跑道进行，不准用马鞭打他人马匹；若运动员中途落马，允许上马继续比赛。规则要求起跑后 100 米内不准在里圈跑，过 100 米压过 10 米后方可驶里圈，否则为犯规。胜利者、取得名次的马匹，在那达慕大会上集中在主席台前依次排好，获得第一名十分惹人注目，在其马头上、马身上撒奶酒或鲜奶以示庆贺。

（二）摔跤

摔跤蒙古语称为"搏克"，是蒙古族的传统体育活动，也是一种娱乐活动，摔跤手称为搏克·巴依勒德呼。

蒙古族人民喜欢博克运动由来已久。远在部落联盟时期，摔跤就和赛马、射箭被作为民主选举部落首领的条件，只有这"三项竞技"超群者，才有做首领的资格。到元代，虽改革旧制，但蒙古民族尚武的精神和习俗却一直延续下来。当时宫廷主要娱乐内容之一就是摔跤。每逢喜庆宴会，都有摔跤表演助兴，而且对优胜者常赏以重金为犒酬，甚至因摔跤出名而升官晋级的也不乏其人。在今天，摔跤仍然是那达慕大会上最受欢迎的竞赛项目。蒙古式摔跤是站着摔，不许抱腿或跪摔，不限时间，不限体重，一上场双方互相抓握，以一方倒地（膝盖以上任何部位着地都算倒地）为胜败的标准。

蒙古式摔跤具有独特的民族风格。摔跤比赛时，摔跤手身穿铜钉牛皮坎肩“昭达格”，头缠红、黄、蓝三色头巾，脚蹬蒙古花皮靴，腰扎花皮带，下身穿套裤，脖子上挂着五彩飘带。出场时，双方摔跤手挥舞双臂，然后互相搏斗。蒙古式摔跤不分等级，采取淘汰方式，决出冠军、亚军和第三名，分别授予荣誉称号和奖品。

摔跤参加人数不限，但须成偶数，少则二至四人，多则一千余人，比赛胜负采取淘汰法。蒙古族有许多摔跤技巧，捉、拉、扯、推、压等十三个基本技巧演变出一百多个动作，可以抓住摔跤衣、腰带、裤带，但不许抱腿，不准打脸，不准突然从后背把人拉倒，触及眼睛和耳朵，不许拉头发，踢肚子或膝部以上的任何部位。比赛场地简单，只要有一片草坪或松软空地，观众席地围坐，摔跤手就可以在中间进行比赛。比赛前，双方都要高唱挑战歌，以显声势，唱三遍后，双方摔跤手跳跃而出，做着雄鹰展翅的舞姿进入会场。

比赛开始，摔跤的双方互相致意和向观众敬礼后，开始较量。蒙古式摔跤以巧取胜，一跤定胜负。凡取胜者，到裁判台双手捧出事先准备好的果子、奶食等，然后边跑边撒在围观人群中，让大家分享“胜利果实”。

**（三）射箭**

射箭也是一项有悠久历史的古老民族体育运动。蒙古族射箭是极富民族特色的。它射程只有 15 米或 20 米，使用的箭靶是“毡牌靶”，共设 3 个靶位。第一靶是一个约一立方尺的彩色布袋，挂在 2 米高的木架上，第二、三靶都是白布袋，一个约一立方尺大小，另一个为一等边三角形。三个布袋里都装着棉花。第一、二靶在射手左侧，第三靶在射手右侧，各靶位之间距离 2.5 米。三个靶位分别立在一条宽约 4 米、深 0.66 米、长 85 米的跑道两旁。比赛时，身着紧身彩袍的射手策马跑来，在疾驰的马背上抽弓搭箭，瞄准箭靶。靶的中心是活的，箭只要射中中心，靶就会掉下来。这就是所谓的骑射。

蒙古族射箭还有一种比赛方法叫静箭。就是射堆在地上的目标，目标是用许多皮筋制成的小目标堆起来的，呈下宽上尖的塔形。一箭射中底部，塔形目标全部倒塌，即为优胜。

## 九、崇尚与禁忌文化

### （一）蒙古族崇尚

蒙古族崇尚白色。鲜奶为白色，毡包为白色。成吉思汗陵的八座毡包称为“八白室”。用99匹白骒马马奶酒祭苍天的盛大活动称作为“白色畜群宴”。岁月之首，称“白月”（正月），蒙古文字的字母被称作“白头”，意在尊崇。同样，蒙古族拜天神腾格里，古代蒙古族自称“青色蒙古”。哈达一般是青色的，“黑莫勒”旗幡也以青色为多。

在数字上，蒙古族认为“九”是所有数字中包含吉祥最多的数字。成吉思汗建立蒙古汗国时的国旗就是九游白旗。成吉思汗陵的各项祭祀仪式都是以九为单位，献祭并奉献九数的整羊供。日常生活中，蒙古族供奉的“黑莫勒”神旗上印有9匹神马图案，新婚男女拜见父母时要进行三拜九叩之重礼等。除了奉九之外，蒙古族还把偶数看作是吉祥的数字，一般送礼送双不送单。此外，蒙古族还视马为神圣之畜。

### （二）蒙古族禁忌

蒙古族日常生活中有不少禁忌，主要有：火忌、水忌、做客忌等。蒙古族崇拜火神、灶神。所以，进入蒙古包后，忌在火炉上烤脚，不许在火炉旁烤湿靴子和鞋，不得跨越火炉和用脚蹬火炉，不得用刀子挑火或插入火中等。蒙古族认为水是圣洁的神灵。忌在河水中洗手和沐浴，在河水中洗脏物等。客人进蒙古包时，切忌卷袖子或把衣襟掖在腰带上，不可提着马鞭进去，要将鞭子立放在门口。进入蒙古包后，切忌坐佛龛前。此外，还忌蹬门槛，忌摸头，忌打狗等。

## 十、祭祀文化：敖包祭祀

### （一）敖包的作用

“敖包”是蒙古语音译，也称“鄂博”“脑包”。敖包两个字直接含义是土堆的意思，即用人工堆积起来的石堆、土堆。敖包是蒙古族文化的代表之一，有公祭敖包和私祭敖包两大类。敖包大多数用石头垒筑而成，也有泥土、柴草、树木堆筑或围建的。但必须是在相对比较高的地方垒筑，要容易被人们看见。因而它是茫茫草原上的标记和参照物。正如《清会典》所记：“蒙古游牧交界之所，无山无河为志者，垒石为志，谓之敖包”。后来逐渐被视为神灵的居所，被作为崇拜物加以祭祀和供奉。于是，原来的界标、路标就变成了祭祀山神、路神、村落保护神等神灵的场所。过去内蒙古各盟旗、苏木和寺庙等都有自己公用的敖包，富裕的人家还建有家敖包，每座敖包还有各自的名称。

敖包最早的作用是用来指示方向的，敖包的祭坛向着正北方向，在草原上人们迷失方向时，只要来到高处的敖包，就可以辨别方向了。相传，蒙古族祭拜圣山也是和成吉思汗有密切关系的。敖包一般都建在高山上或草原上比较高的地方，因为人们认为敖包越接近长生天，他们的愿望就越容易实现。

敖包在草原上有四种作用：第一种，道路和界地的标志，起着指路和辨别方向的作用。第二种，象征山水神灵，牧民借此祈求山水神灵，风调雨顺、水草丰美、牲畜肥壮、百姓平安。第三种，象征氏族部落之徽，是本氏族部落飞黄腾达的标志。第四种，为纪念某人某事而设立的或者是集会之地。古时候，茫茫草原上的牧民在游牧状态下没有供集会、议事、娱乐的建筑。最理想的地方当然是放眼数里的高地了。

**（二）敖包祭祀**

祭敖包是蒙古族居住地区普遍进行的祭祀活动。人们通过祭祀敖包祈求天地神保佑人间风调雨顺、牛羊兴旺、国泰民安。祭敖包的时间不固定，除春天、那达慕等一些盛大节日外，多选在水草丰美、牛羊肥壮的时节。届时，本苏木、本旗甚至附近旗县的群众都纷纷扶老携幼，携带着哈达、整羊肉、奶酒和奶食品等赶来敖包处。先献上哈达和供祭品，再由喇嘛诵经祈祷，众人跪拜，然后往敖包上添加石块或以柳条进行修补，并悬挂新的经幡、五色绸布条等。最后参加祭祀的人都要围绕敖包从左向右转三圈，给敖包添加石块，祈神降福，保佑人畜两旺。

所以，在草原上走到敖包前时，一定要拾几块石头添在上面，正转三圈，来到正前，祈求降福。

## 十一、婚礼文化：鄂尔多斯婚礼

在内蒙古草原旅游地知名度最高的民族传统婚礼就是鄂尔多斯婚礼。在鄂尔多斯草原旅游地盛行的鄂尔多斯婚礼是蒙古族婚礼中最具吸引力的传统婚礼形式。如果有幸赶上参与一场鄂尔多斯蒙古族婚礼，就可以窥探到鄂尔多斯草原牧人生活和心灵的真髓，就如同开启了草原上的一扇窗户，呈现出一幅抒情畅快、特色浓郁的画卷。

婚礼一般在冬日举行，这个季节是丰收后食物汇集齐全的季节，也是牧人们户外活动减少，劳动比较轻松的季节。鄂尔多斯婚礼已经流传了700多年，至今仍保留着古老的风格和情趣。它以独特的民族特色、浓郁的生活气息、悠扬的歌舞形式和热烈隆重的场面，表达了勤劳、勇敢、智慧的鄂尔多斯蒙古族人民对美好生活的热情追求和粗犷、豪爽、善良的性格。因此，鄂尔多斯婚礼广为传颂。这种婚礼一般要持续两天，自始至终都洋溢着迷人的蒙古族风情。

鄂尔多斯蒙古族在婚礼告成的全部过程中，都有固定仪式：

男方数次登门求婚。若女家同意与男方成亲，就请长者选定良辰吉日，举办订婚仪式。通常是男家摆上鲜嫩的羊肉（整羊）、美酒、果品、糖块、奶皮、黄油、奶茶等，设宴招待女家双亲、媒人以及近亲密友。并互换哈达、绸缎、布匹、首饰，请长者共商吉日。在鄂尔多斯，一般礼品以“9”为起点，如3匹白马、3只白羊、3匹白骆驼，合为“9”；或9只羊、9匹马、9匹骆驼均可。蒙古族结婚日期选择吉祥日，通过媒人和证婚人通知女家。

婚礼那一日，新郎家喜气洋洋，热火朝天，新郎在吉祥的气氛中换上崭新的装束。一般是头戴蒙古帽，身着红绸蒙古长袍，腰扎金黄腰带，脚蹬长筒牛皮马靴或蒙古靴，怀揣哈达，显得十分威武英俊。一切皆备，娶亲队伍出发，新郎和伴郎在欢呼声将酒杯高高举起，唱起娶亲歌。歌毕，新郎和娶亲队在众人簇拥下，跨骏马向女家奔驰。通常，娶亲队伍快到女家时，女家的蒙古包门紧闭着，佯为不知，闭门不纳；或是新娘的伴娘和亲友们，在门前围成半圆形，做出拒娶的态势。这时，从娶亲队伍中走出一位善于辞令的婚礼祝颂人，向女家问道：

此门是长年累月不开，还是因为我们来临而紧闭？

口齿伶俐的女方祝颂人马上回答道：

此门并非长年累月不通，今日正是因为你们来临而紧封。

瞧你弓箭在身，像是猎人，看你衣着华丽，又好似嘉宾。

若是走错了门厅，南有大路可寻；

若是找不到猎物，北有深山老林；

你的家乡在何地，你的信仰是什么？

男方祝颂人马上答道：

鄂尔多斯是我的家乡，成吉思汗是我的信仰。

用那熟制的佳肴作为求婚礼品，遵循迎亲的大礼来到你家的门上。

经过一番唇枪舌剑之后，女方答应放人进屋，男方祝颂人便把一个整牛犊皮制成的口袋装的礼物交给女方，祝颂人如同战胜的将军，带着新郎得意地进门。除新郎外，娶亲队伍的其他成员向屋里的人们依次交换鼻烟壶。请安问好后，在宾客一侧的位置上就座。新郎则当着女方主婚人、新娘父母、祝颂人、伴娘和客人们的面，毕恭毕敬地依次磕头行礼。娶亲队摆出自己带来的羊背子和各种食品请众人尝用。然后，由男方祝颂人拿出定亲时许诺送给新娘的头饰、衣服和绸缎等，请新娘的父母、主婚人和众客人一一过目，由伴娘代女方手下。

在一片欢歌笑语中，女方家便以礼相敬，以美食款待，以歌欢迎，其间男女双方的祝颂人不时地进行妙语连珠的问答竞赛。当客人在尽兴热闹时，男方祝颂人领着新郎来到新娘的房间。新娘的梳头额吉向新郎要过特意准备的象牙梳子，把新娘的头发从中分开，为新娘梳出象征人生转变的发型，然后带上头戴。女方家人又端来一个煮熟的羊脖骨，请新郎按习俗用手掰开。聪明的新郎首先要看是否有人把木棍顺脊髓藏了进去，这是女方戏弄新郎的一招。新郎除去木棍后，用他那勇士般的手用力将羊骨掰断，否则就要受到女方陪亲的姑娘们嘲笑。

时至黎明，是新娘出嫁起行的时候了，陪亲的姑娘怎舍得日日相聚的朋友远嫁他乡，围着新娘悲切地阻嫁。只有女方的尊长出面相劝，好说歹说才把新娘从陪亲姑娘们的围圈中拉出来。在经过一番送别礼后，新娘在众人簇拥下蒙上盖头上马，新娘在马上绕着自己生活的院落转一圈，依依不舍地奔驰向一个陌生的世界。

途中男女双方骑在马上展开竞赛。终于快到男方家，男方派人早早等在路边，举行了露天迎接礼。新娘在伴娘陪同下，拉着新郎的鞭梢从两堆火中间穿过，表示得到纯洁，驱除邪恶之意。她也将从此进入一个新的人生境地。

送亲的客人被邀至家，让座递茶，双方交换鼻烟壶。女方摆出礼物，回敬男方，男方开始以各种奶食品、全羊宴热情招待。然后新郎新娘双手向尊贵的客人敬酒，新郎的父母向新娘回赠礼品，并且以最吉祥美好的语言祝福一对新人白头偕老、美满幸福。众人随着歌声拿起酒盅，筷子轻轻拍打，舞起民间舞蹈，一直延续。

鄂尔多斯婚礼是鄂尔多斯礼俗的凝聚，其特点主要表现在三个方面，第一是礼仪形式多，第二是歌舞、赞词多，第三是古老遗风多。这三“多”形成了一部鄂尔多斯婚礼交响曲。

## 十二、歌舞文化

### （一）民族音乐

以歌抒怀、以舞做伴是草原地区蒙古族文化的鲜明特征。蒙古族酷爱歌唱，草原民歌浩如烟海，浓烈似酒，炽热如火。每当喜庆的日子里，他们载歌载舞，以表达自己的喜悦之情。蒙古族的民歌演唱活动形式多样。一般来说，牧民在劳动之暇，茶余饭后，习惯性地饮一点酒，以歌助兴，合家欢歌，边奏边唱，形成一种异常活跃的气氛，使劳动的疲劳和空旷草原的寂寞悄然消失。每逢客人至家中，主人将以歌祝酒，表达草原牧民的深情厚谊。空旷的草原偏僻闭塞，但风格独特、生活气息浓郁的民歌，能给客人带来极大的感情慰藉。奶茶飘香，酒过三巡，主人拿出四胡、三弦、笛子，与家人一道弹、奏、拉、唱，并频频邀请客人演唱或奏乐。这时，客人有所特长，不必客气，要落落大方地参加坐唱，以歌投情，以歌抒怀。往往一唱就是通宵达旦，毫无疲倦之感，美妙的歌曲带来的是无限的欢乐，难忘的回味。

长调民歌：蒙古族民歌形成历史较为久远。草原地区人口稀少，牧民在辽阔的草原上放牧，劳动节奏缓慢，生活环境寂寞。平时自由吟唱，逐步形成了节奏自由、气息悠长、去掉平缓的长调民歌。

短调民歌：也是蒙古族民歌歌种。蒙古族在婚嫁宴席、亲友聚会或招待客人时，往往用歌声表达自己的情感，形成了热烈欢快的短调民歌。特点是情绪欢快、节奏明朗、旋律优美、韵味独特、结构短小、句法整齐。蒙古族短调民歌曲目有数千首之多。2008 年，鄂尔多斯蒙古族短调民歌被国务院批准列为第二批国家级非物质文化遗产。

**（二）民族舞蹈**

蒙古族民间舞蹈热情奔放、刚劲有力，同时又细腻含蓄，既以优美挺拔见长，也以诙谐、爽朗、明快而闻名，表现力极强，具有鲜明的地方特色和强烈的艺术感染力。它是我国民族文化艺术宝库中一颗璀璨的明珠，经久不衰的艺术魅力，赢得了国内外观众的称赞。

筷子舞：源于古代蒙古族宫廷或民间宴会。自古以来，蒙古族宫廷宴会中的舞姬或民间宴会中的牧民，为表达喜悦之情，两手拿着宴会中使用的两把筷子，一边和着乐曲节奏用筷子敲击自己的手、腿、肩等部位或敲击地面，一边伴以扭肩、旋转、伸展等肢体动作，形成了筷子舞。筷子舞优美活泼、感情热烈，表现了蒙古族豪爽的性格和热爱生活的情怀。

盅子舞：在古代蒙古族宫廷及民间宴会当中，侍女、舞姬或青年男女高举酒杯向主任或客人敬酒，情不自禁地用手中的一个酒盅敲击另一个酒盅，发出清脆悦耳的响声。和着乐曲节奏，手舞足蹈，表达热烈喜悦的感情，逐步形成了独具特色的盅子舞。

顶碗舞：同样来源于古代蒙古族宫廷及民间宴会。宴会时，青年男女将酒碗或茶碗高高聚过头顶，表示对主人或客人的尊敬，或将几只碗一起顶在头上，迈着轻盈的脚步往来于宴席间。这既表示对主人或客人的尊敬，也显示娇娜端庄的神态，久而久之形成了顶碗舞。

## 第三节　草原旅游地创意旅游开发动力分析

草原非物质文化资源具有民间性、不可复制性、可持续性等特性，很适合进行创意旅游开发。创意旅游注重地方文化的传承和精神内涵的注入，并结合市场需求实现文化的传承与创新，是推进文化传承与创新的最好方式①。目前针对草原旅游地文化创意旅游开发的动力系统研究还是空白。在草原文化资源中，有形的文化实体往往具有明显的同质化特点，但非物质文化却具有充分体现地方性和可持续利用的属性。在内蒙古草原旅游地文化资源旅游开发过程中引入创意旅游显得尤为必要。

### 一、草原旅游开发引入创意旅游的必要性

草原旅游的开展除了依赖草原自然景观和一些历史遗迹，主要还是依赖于对草原文化资源的开发利用。在草原文化资源中，蒙古包、蒙古袍、勒勒车这些有形的文化实体往往具有明显的同质化特点（尽管一些景区采用不同材料和技术对这些有形文化资源进行了多样的设计），而非物质文化则完全不同，它则可以体现不同草原地区的地方性。对草原文化进行创意旅游开发，其必要性体现在以下几方面。

#### （一）草原旅游产品的雷同化现状

在内蒙古草原旅游开发中，长期存在旅游产品雷同现象。而且当前内蒙古草原旅游主要停留在观光层次，大多数为草原观光、吃蒙餐、骑马和欣赏民族歌舞等活动。在小尺度草原范围内，自然景观和有形文化实体景观没有多大变化，而且草原旅游点在接待设施和旅游活动内容上也具有高度相似性。于是形成了“一

① 尹贻梅．创意旅游：文化旅游的可持续发展之路[J]．旅游学刊，2014，29（3）：9.

片草原一座包、一条哈达一碗酒、一首民歌一块肉、一匹马一堆石头（敖包）”的雷同化草原旅游产品形态。这样的开发必然导致草原旅游整体吸引力不足和旅游接待点之间的恶性竞争。要改变目前旅游产品开发档次低的状况，打破雷同化，只能走向差异化策略，加大对草原文化资源的挖掘力度，尤其需要充分挖掘具有可持续利用属性的草原非物质文化资源，实施创意旅游开发，打破现有草原旅游活动的单调性，推动草原旅游业的转型与升级。

**（二）草原文化旅游开发的表面化**

非物质文化是人类创造的所有非实在性财富，其表现形式多样。非物质文化是草原文化精神的非物质载体，是草原民族创造的非实在性财富，表现形式有民俗、艺术、宗教、制度和知识等基本形式。具体来说，草原民间音乐、戏剧、曲艺、舞蹈、杂技、美术、手工技艺、人生礼俗、民间信仰、口头文学等，这些都是宝贵的草原非物质文化资源。不同于草原地区的实体资源，非物质文化资源在存储上具有易逝性，在开发利用上具有可持续利用属性，在时间尺度上具有历史传承性，在地域空间上具有地域性，在表现形式上具有多样性[①]。这些特点恰好迎合了创意旅游的“高流动性和可持续性”特点[②]，非常适合进行创意旅游开发。然而，表面化的草原非物质文化在内蒙古草原地区也具有高度的一致性。当前内蒙古草原文化旅游活动中的品尝蒙餐、住宿蒙古包、观赏“蒙儿三艺”表演、欣赏民族歌舞等都是停留在观光层次[③]，都只是对草原文化的浅层次开发。缺乏对草原文化深度挖掘而形成的草原旅游产品必然是表面化和雷同化的。

**（三）旅游市场的个性化与深度体验化需求**

当今旅游消费者的需求日趋个性化，他们更加注重购买“与别人不同”的旅游产品，而这种差异的存在主要依赖于获得独特的深刻旅游体验。只有获得了深刻的、与众不同的旅游体验，旅游者才会充分地感受到自己消费效用获取的最大

---

① 宋河有．非物质文化旅游资源在旅游中心城市的有形化利用研究[J]．现代城市研究，2010（11）：91-96．

② 赵玉宗，潘永涛，范英杰．创意转向与创意旅游[J]．旅游学刊，2010，25（3）：72．

③ 刘敏，陈田，钟林生．草原旅游文化内涵的挖掘与提升——以内蒙古自治区为例[J]．干旱区地理，2006（1）：156-162．

化。传统的草原文化旅游活动使游客体验水平低下，而创意旅游则不同以往。它以文化旅游为本位，是对文化旅游的进一步发展[①]。创意旅游可以不依赖实体建筑建设，可以无限更新、发现和发展创意资源，可以实现旅游地持续创新，可以满足现代旅游者的个性体验需求。通过对草原文化资源的深度挖掘，可以满足现代旅游消费者对文化真实性的体验需求。所以将创意旅游运用于草原文化资源旅游开发中，可以满足消费者的现代化需求，直接增强草原旅游吸引力，形成独特的竞争优势。

### （四）创意旅游的独特优势

当前我国草原地区开发利用少数民族非物质文化主要表现在五个方面：民族艺术表演、民俗风情展演、典型民族村落旅游、民族工艺品、民族餐饮业。以往的传统旅游开发方式致使草原旅游的游客体验水平低下。而创意旅游则是基于文化旅游，是对文化旅游的进一步发展。创意旅游可以脱离大量的实体建筑建设，可以无限更新和发展创意资源，可以实现旅游地持续创新，并且满足现代旅游消费者的个性化体验需求。在草原文化旅游开发中引入创意理念，可以打破以往的大众化旅游开发态势，创造独特的草原旅游竞争优势。

## 二、草原旅游地创意旅游开发的驱动主体

草原旅游地文化创意旅游开发的主体包括当地政府、旅游企业、社区居民和民间团体。其中政府是创意旅游开发的管理主体，旅游企业是市场主体，社区居民是参与和影响主体，民间社团是参与主体，不同主体在创意旅游开发中承担的角色不尽相同。

### （一）当地政府

在社会经济发展实践过程中，政府和市场的关系经历了市场完整论——政府干预——新自由主义市场——政府和市场相结合等几个阶段[②]。在国内旅游市场经济中，政府的总体角色开始从完全的政府主导模式逐步转向政府引导模式。一般

---

① 赵玉宗，潘永涛，范英杰．创意转向与创意旅游[J]．旅游学刊，2010，25（3）：72.

② 陈实．旅游管理前沿专题[M]．北京：中国经济出版社，2013：47.

来说，政府是市场失灵的克服者，但政府也有自身的利益目标，除了为地方居民谋取福利，其在旅游发展的不同阶段也常常表现出不同的职能和作用。在草原地区的创意旅游开发之初，当地政府首先应是草原文化创意旅游的倡导者和主导者；其次也应是创意旅游产业开展的引导者和护航者；同时，在协调处理旅游企业和当地居民之间的关系、吸引企业投资和社区与民间团体参与时，都需要政府从政策、资金、信息、技术、人才等方面提供支持。在创意旅游产业发展到一定阶段后，旅游企业、民间团体、社区居民都具有了从事市场行为等能力之后，作为地区利益代表的地方政府就应该从中逐步退出，扮演服务型政府的角色，工作重点转移到政策制定、提供必要的公共设施与服务等方面。

**（二）旅游企业**

草原旅游开发有两种模式可以选择，一是完全的政府主导，不让企业参与，而政府承担企业型政府的角色，负责旅游发展的投资与管理；另一种模式就是政府引导，以企业为主体，政府承担服务型政府的角色。在一些经济发展比较落后的地区或者是在旅游开发的初级阶段，一般是以第一种模式为主，而在旅游发展的较高水平阶段，更多的地区还是倾向于采用第二种模式。旅游企业是旅游市场中的微观主体，其目标明确，即追求企业利润最大化。逐利的旅游企业会选择旅游吸引强度较高的地区作为企业投资扩张的重点，会把旅游吸引力强的项目作为旅游开发的目标。显然，在对内蒙古草原非物质文化资源进行创意旅游开发时，对投资企业具有极大的吸引魅力。

**（三）当地社区**

关于当地社区是否参与旅游发展，草原旅游开发也有两种选择，一是将当地社区排离在外，使其成为旅游开发的受影响者，当前内蒙古大多数草原地区旅游开发都是这种模式；二是社区直接参与到草原旅游开发中，不仅仅是受影响者，也成为直接的行为主体和受益者。针对草原文化资源进行创意旅游开发，就必须采取让社区全面融入的模式。一方面，当地社区居民是旅游产业的主要劳动力供给者；另一方面也是当地旅游环境和旅游形象的主要影响者；此外，他们还是草原环境保护的天然监督员；最后，他们也可能会有一些市场化的行为，例如出售自己制作的手工艺品，向游客传授一些民族技艺等。只有社区居民、社区生活、社区文化全面融入旅游活动中，才可以给游客创造真实性的文化体验。只有让本地居民直接受益，他们才会放弃以往对外来投资比较抵触的情绪，并且会培育其民族自豪感。

### （四）民间团体

民间团体一般是基于共同的兴趣或利益而自发联合形成的非政府组织。他们虽没有像政府那样的行政权力，但由于具有一定的群众基础，往往具有强大的民众影响力。他们还是沟通政府与企业、社区的重要桥梁和纽带。在内蒙古草原地区，草原民族在历史演变过程中逐步形成了自己的独特民族文化，多样的民族音乐、舞蹈、曲艺等民族艺术形式根植于草原民间，也传承于民间，逐步形成了各种各样的民间艺术团体或民间协会。这些民间团体都可以成为创意旅游开发的参与者。一方面，他们沟通政府和草原社区的联系，向政府提出具体的发展建议，以维护本团体和本地居民的利益；另一方面，他们可以有组织地与企业联系，监督企业行为，协调企业与当地社区之间的关系。与此同时，草原文化的创意旅游开发可以反过来强化这些民间团体的地位和影响力，促使草原居民更有动力培育和保护草原文化传承人，进而发扬传统草原文化。

## 三、草原旅游地创意旅游开发的阻力因素

### （一）参与界限的划定问题

参与界限的划定即旅游开发中的分工问题和角色问题。政府以当地总体利益为目标，其角色可以根据旅游发展的阶段和成熟程度及时转换或退出。旅游企业则是以自身利益最大化为基本目标，社区参与越多就意味着获取经济利益的机会就多，所以旅游企业会极力想把当地社区和民间团体排除在外，当前内蒙古很多地区的草原旅游开发就把当地相关主体隔离在外。同样，当地社区居民和民间社团都会从自身利益考虑，力图参与的范围和力度加大。这样一来，参与界限的划定就可能激发各主体之间的矛盾，对旅游开发产生阻力。

### （二）参与主体的利益分配问题

当地政府是旅游开发利益的间接受益者，却是强有力的支持者。而当地社区和团体即是受益者，也是受影响者甚至可能成为环境破坏的受害者，旅游开发与其生活息息相关，所以他们会极力主张自己成为旅游利益的主宰者。但除非采用民间集资形式进行旅游开发，一般当地居民很难成为大型旅游项目的投资者，所以旅游企业的参与又很有必要。但是，旅游企业以投资收益最大化为基本目标，也自然想成为受益的主宰者。加上对当地环境的影响本身难以准确量化衡量，各主体之间因为经济利益关系的扯皮就时刻可能存在。

### （三）经营管理的复杂性问题

多方参与也必然会直接导致在具体运营中的管理复杂化。除了政府具有公益、服务地方的角色意识外，其他主体都会站在自身利益考虑。而维护自身利益的最直接途径就是参与到管理中，管理的权限越大，可以获取的资源和利益就会越大。在具体的运营过程中，是需要各方主体相互协商、平和地处理相关问题的，虽然政府可以起到监督、协调关系等“润滑剂”功能，但参与主体的多元性和经营管理的复杂性必然是对旅游开发产生阻力的潜在因素。

## 四、草原旅游地创意旅游开发的动力系统

草原旅游地文化创意旅游开发的驱动系统之所以能发生推动作用，主要是由打破草原旅游产品雷同化现状、对草原文化资源深度挖掘和迎合现代旅游市场需求三方面形成的推动力量。当地政府、旅游企业、当地社区和民间团体是创意旅游开发的支持者和参与者，他们通过政策支持、现代化的经营管理方式、社区居民与文化的全面融入、民间团体的参与等具体形式为创意旅游的实施提供保障。驱动系统和支持系统构成了草原旅游地文化创意旅游开发的主要动力。而由于参与主体的增加、创意旅游产品开发的深度化，也会直接导致参与主体的参与内容和界限约定、利益分配和经营管理的复杂化等问题成为直接障碍，形成阻力系统，对旅游开发造成干扰。阻力和拉力两方面共同决定了草原旅游地文化创意旅游开发的实施结果。

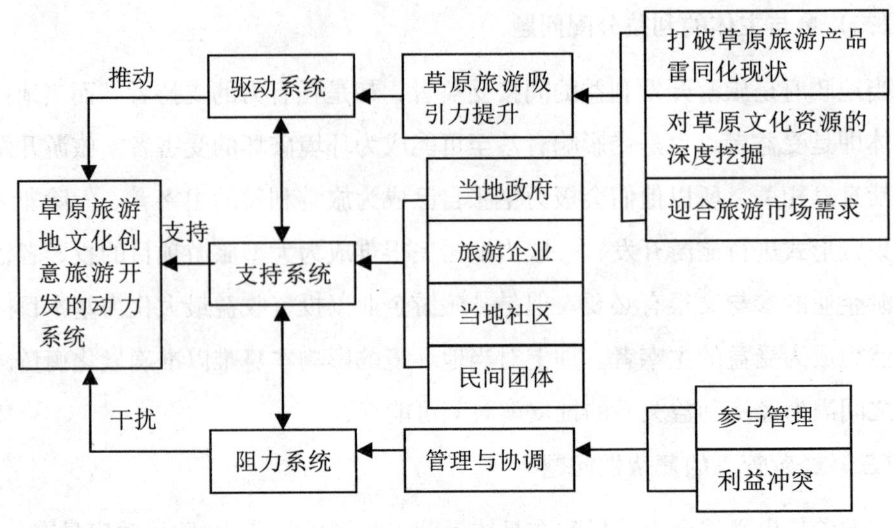


图 3-1　草原旅游地创意旅游开发的动力系统

## 五、草原旅游地创意旅游开发亟须投入实践

创意旅游实践已在东部发达城市和南部一些旅游发达地区做了一定程度地探索和尝试，但在内蒙古草原地区尚未展开。以往呈现的创意旅游实践都比较注重表面场景及表现手法革新，但对游客的参与安排和与游客的深度沟通与互动明显不足，表演与游客之间总能被感到有生硬的界面存在而不能被突破[8]。由于缺乏主客互动、缺乏旅游消费者对体验活动的创意设计，所以在严格意义上这些并不是真正的、狭义的创意旅游。这些创意活动还缺乏能够触及游客心灵、引起其内心共鸣的设计，还停留在创意展示和创意空间两种较低水平。内蒙古草原非物质文化资源的创意旅游产品深化开发需要政府、企业，尤其是当地社区居民和社团的全面参与和融入，只有这样才可能使得草原旅游开发逐步走向高级化。内蒙古草原旅游地文化创意旅游开发的动力系统构建只是初步阶段，更关键的在于进一步深入探索草原文化创意旅游产品设计、产业延伸、社区融入、经营管理等一系列问题。

# 第四章　草原旅游地创意旅游产品的实践设计思路

## 第一节　草原旅游地创意景观展示的实践设计思路

在旅游研究领域，“六要素论”一直居于主导地位。旅游六要素，即食、住、行、游、购、娱。旅游业的六要素论不仅指出了旅游产业的主要行业构成，同时也为旅游地指出了发展方向。从创意旅游视角看，草原旅游地创意旅游开发的关键是塑造形成民族文化氛围和文化创意氛围。很多学者提出的地方、地方感、文脉、地脉、文化景观以及地格的概念，就是指旅游目的地是一个地方，它的内质是地格，外像是景观。地格是长期历史演变的产物，是内化的、体验的文脉与地脉综合体，是决定一个地方历史演变的产物，是区域旅游分工的基础。地格的形成是人类应对环境、改造环境积累性经验行为，是一种惯性、路径依赖与历史沉淀；同战略的形成完全一致，当这种经验行为有用就容易得到保存。文化的变迁是一种对外部环境压力的创新对策，当这种对策被认为有效时就形成传统，并被保留下来形成文化与地格。在草原旅游地，创意景观的设计可以依托草原旅游地文化基因，围绕六要素中的“食、住、行、游、购”展开草原旅游地创意景观的设计。具体来说，包括静态创意景观展示和活态创意景观展示。

### 一、静态创意景观展示

在草原旅游地，当地文化渗透于当地民族旅游场域之中。草原文化基因可以通过当地民族文化符号的创意化展示而逐渐渗透于各个草原旅游接待场所。草原旅游地的接待场所既包括国家级旅游景区、草原旅游接待点、牧家乐旅游接待户、旅游社区公共空间等等。在这些场所中，都可以围绕“食、住、行、购”等产业要素进行静态的创意景观设计。

#### （一）“饮食”文化元素静态创意景观设计

草原旅游地饮食涉及白食（奶食品）、红食（红肉）、紫食（茶食）、米面食和地方特色饮食，还有代表草原特色的牛奶酒和马奶酒。从历史文脉分析，这些草原特色食物随着历史的发展和草原社会的演变，其具体的形式和使用方式也在发生演变。从静态景观展示视角进行设计，可以在创意空间内，一方面依托时间脉络进行创意景观小品展示，另一方面可以结合具体的地方性故事脉络进行静态景观展示，也可以依托某一食品的加工工艺流程进行一系列静态创意景观展示。与此同时，这些饮食在进行旅游接待的餐桌上，也可以通过创意化外形设计来实现静态的创意景观展示。

### （二）“住宿”文化元素静态创意景观设计

最典型草原住宿文化就体现在蒙古包这一民族建筑符号上。随着时代的演进，目前在草原旅游地也出现了多种形态风格的蒙古包（如图 4-1—图 4-3 所示）。从创意景观静态展示看，蒙古包文化元素也可以体现在两方面：一是蒙古包的食宿功能，即传统功能；二是创意景观的观赏功能，即旅游景观功能。也就是说可以围绕草原住宿文化元素设计一系列景观雕塑或小品。

图 4-1　牧民家中的传统蒙古包

图 4-2　草原牧区旅游接待点的蒙古包

续图 4-2　草原牧区旅游接待点的蒙古包

图 4-3　草原旅游景区中的客房式蒙古包

### （三）“行”文化元素静态创意景观设计

草原旅游地传统的交通工具勒勒车也是典型的草原传统文化符号。勒勒车又叫大轱辘车，也称蒙古式牛车、牛牛车。这种车轮体高大，车身轻便，对于草地、雪地等有较强的适应能力。以前，牧民们拉水、搬家、赶那达慕大会等都离不开它。在草原上换季，牧民们搬家的时候，就可以看到一辆辆勒勒车在辽阔的草场上迤逦而行，构成独特的草原一景。同时，草原运输文化元素也离不开蒙古马、骆驼等运输牲畜。从创意景观静态展示看，草原运输文化元素也可以体现在两方面：一是勒勒车和蒙古马以及骆驼的食宿功能，即传统功能；二是创意景观的观赏功能，即旅游景观功能，可以围绕草原交通文化元素设计一系列景观雕塑或小品。

### （四）"购"文化元素静态创意景观设计

在旅游六要素中，购物要素是唯一使旅游者通过直接买走具有实物形式的旅游商品来证明其旅游经历的直接要素。也许旅游者对当地文化的内心体验并不深刻，但具有地方文化标识的旅游商品或纪念品则通过其有形符号来直接传递某种象征意义。所以旅游活动中的购物要素在国内外一直备受重视。随着近年来各地文创产品的盛行，在草原旅游地进行创意旅游开发时，也必须考虑通过文创旅游商品来传递草原旅游地的地格与地方性。无论是有形的文化元素符号，如蒙古包、蒙古刀、蒙古特色奶食品，还是无形的非物质文化元素，无论是旅游纪念品属性的旅游购物品，还是生活实用品属性的旅游购物品，都可以通过奇思妙想地创意化设计来展现地方特色。并且可以将实用商品的外形创意化，将创意化的纪念品实用化，进而实现旅游纪念属性与日常生活属性相融合。

## 二、活态创意景观展示

### （一）单体景观形态的活态创意行为展示

静态创意景观展示只是展示静态你的设计成果，这种成果缺乏生命活态，是死板的和生硬的。活态的创意景观则是通过活生生的人为活动艺术来展现某种文化内涵。例如成都市区内宽窄巷子中一些行为艺术展示者将自身染成铜漆颜色，通过一系列动作和姿势摆出一系列造型，为游客提供欣赏特定时期的行为文化。在草原旅游地，也可以根据当地文脉、地格、传统故事情境，演绎出一系列创意化的行为景观造型。由于是依托活生生的人，这些景观是可以循环变换形态的。这比静态的景观展示更具吸引力。

### （二）舞台化景观集群形态的创意行为展示

#### 1. 实体舞台展演

从旅游发展实践看，伴随着中国旅游业从观光游向体验游的转型与升级，舞台表演作为民族旅游开发的一项重要手段已经受到了民族地区的重视。结合前人研究可以发现，民族旅游舞台表演是指依托少数民族地区的特定舞台或空间场所，凭借特定手段，以展示独特民族文化为目的，以本地民族歌舞、习俗为内容，以东道主活动为主体，具有表演属性的文化展示活动[1]。“舞台”泛指用来表演和展示本地民俗的任何场所，包括狭义的专业戏剧舞台，也包括广义、非专业的临时舞台、场地乃至社区空间。根据实地考察，从展演选址看，可将民族旅游舞台表演分为三类：城市剧场舞台表演、旅游景区舞台表演和旅游社区舞台表演。从展演规模看，可分为大型实景剧展演和小型舞台表演。

21 世纪初的“印象系列”大型实景舞台演出在国内引起了巨大轰动，多个地区纷纷效仿。这虽然在现阶段取得了一定成功，但它其实属于活态的创意景观集群化展示形态。近年来，在草原旅游地已经开始涌现出一系列类似项目。例如在呼和浩特城区将“蒙古王朝”大型实景剧搬上了舞台，希拉穆仁草原推出了“一代天骄”“红格尔敖包”“漠南传奇”大型草原实景剧展演。在鄂尔多斯草原旅游地盛行的“鄂尔多斯婚礼”舞台展演项目还成为鄂尔多斯的旅游品牌。小型舞台表演则可以在草原旅游景区、社区以及各类草原旅游接待点的旅游接待过程中随时安排上演。

**2．民族文化旅游节庆**

在实体舞台展演之外，还可以通过民族文化节庆来进行活态创意景观集群化展示。旅游节庆的最初含义是指为了吸引游客而设立的现代节庆，如曲阜国际孔子文化节、福建湄州妈祖文化旅游节等，但现代旅游节庆的形式已不再限于旅游节庆的最原始含义，已发展为可以涵盖所有节庆类型。也就是说，旅游节庆是指能引发旅游相关活动的各类节庆活动，包括传统节庆和现代节庆。旅游节庆属于节庆，也属于一种旅游吸引物，也可以称之为一种旅游产品[2]。

在从草原旅游地，草原文化节、那达慕大会、一些艺术节或民俗节等一些传统民俗节庆都可以实现旅游化转变。但要形成良好的旅游效应，就必须将当地居民置于旅游节庆的主导地位，采用旅游者参与的形式，将当地民族文化基因进行

---

[1] 宋河有．旅游者参与视角下的民族旅游舞台表演分析——基于云南和内蒙古旅游实践的考察[J]．原生态民族文化学刊，2016（4）：143-148．

[2] 宋河有，李文杰．旅游节庆移动开发的内在机理与优化路径研究——基于非物质文化旅游资源移动的视角[J]．现代城市研究，2012（12）：95．

旅游活化。一方面确保民族文化展演的真实性，另一方面防止旅游活化引发文化异化现象。

旅游节庆可以塑造一种民族文化氛围。旅游节庆中的舞台化表演和当地居民参与共同构成了地方文化节庆氛围。要让旅游节庆成为活态创意景观展示的平台并保持持续吸引力，就必须像举办奥运会、世博会一样，产生节庆后效应，这就需要一定的有形化载体。那么，也就需要移动区域内一些与该项文化相关的资源，并转化为有形实体进行长期展示。例如依托旅游节庆有固定的演出场地，还可以在其他时间召集草原牧区艺人进行演出，方便周边人群观赏表演，并成为培训民族演艺爱好者的基地。使其真正成草原旅游地具有地域文化特色和广泛社会影响的节庆活动，成为一张张长期靓丽的草原名片，带动草原旅游地相关产业发展。

## 第二节　草原旅游地创意空间的实践设计思路

要在草原旅游地塑造形成民族文化氛围和文化创意氛围，就必须依托特定的草原旅游接待空间，形成特色鲜明的创意空间场所。与城市中的创意园区有所不同，草原旅游地创意空间设计则必然需要依托草原地域空间和草原文化氛围。具体来说，可以通过设计民族地区创意旅游综合体和创意旅游社区与村镇来实现。

### 一、创意旅游综合体

#### （一）创意旅游综合体的概念与特征

##### 1．创意旅游综合体的概念

旅游综合体是指基于一定旅游资源与土地基础，以旅游休闲为导向进行土地综合开发而形成的、互动发展的度假酒店集群、综合休闲项目、休闲地产社区为核心功能构架，整体服务品质较高的旅游休闲聚集区。在旅游发展实践中，既有城市旅游综合体，又有乡村田园旅游综合体。而创意旅游综合体是一种新型旅游模式，学界尚未提出明确而统一的概念。张玉蓉和张玉玲（2012）提出，创意旅游综合体是指在文化创意产业和旅游业融合的大背景下，由文化创意产业吸引物和旅游六要素（ 吃、住、行、游、购、娱）相结合而形成的新型旅游产业模式[①]。创意旅游综合体以文化创意为"内核"，具有社会、经济、文化、审美、地域等多重属性，很好地满足游客获取知识讯息、提高文化艺术修养、体验创意生活等多方面诉求。

**2．创意旅游综合体的特征**

张玉蓉和张玉玲（2012）研究认为，创意旅游综合体具有以下三个特征：第一，融合性高。创意旅游综合体是旅游业与文化创意产业跨越产业边界集合生成的新型旅游模式，体现了旅游业与文化创意产业的高度融合。第二，创意性强。创意旅游综合体以"创意"为内核，旅游产品和旅游服务渗透着人的知识、智慧和灵感，独特的创意是决定其可持续发展的关键因素。第三，文化性强。创意旅游综合体注重文化的挖掘和传递，通过文化的深入开发让游客感知文化魅力，品味文化内涵。

**（二）创意旅游综合体的实践设计思路**

创意旅游综合体的发展有利于优化旅游产业结构，延长旅游产业价值链，促进旅游产业的转型升级，增强旅游产业的影响力和带动力，进而推动旅游产业的可持续发展。在草原旅游地设计创意旅游综合体，首先需要选择自然和民族文化生态环境良好的空间区域。然后，可以考虑吸引外来投资或政府投资或本地居民参与投资，深度挖掘和利用本地最具代表性和典型性的地方文化基因，以文化创意为"内核"，以创意景观展示为基础，以创意活动为提升手段，借助外来创意人才的指导性参与，吸引本地居民深度融入，打造成具有浓厚的地方民族文化氛围和创意氛围的"吸引核心"。进而，围绕"吸引核心"建设和打造能够拉动当地社会、经济、文化、生态等多领域的全面发展，例如打造高端度假业态、休闲娱乐业态、文化传媒与影视业态等等，产业门类涉及研发设计、软件设计、建筑设计、咨询策划、文化传媒和时尚消费等创意产业领域。总之，将创意旅游综合体的设计与发展和当地民族文化和当地居民相融合，实现以点带面的发展效应。

---

[①] 张玉蓉，张玉玲. 创意经济背景下文化创意旅游综合体的发展路径研究——以重庆为例[J]. 经济问题探索，2012（9）：86.

1. 打造核心吸引中心

打造核心吸引中心主要指面向市场需求，整合开发核心资源，创造一个或多个独特的核心吸引物，这是创造核心吸引力的基石所在。对草原旅游地创意旅游综合体而言，核心吸引力可以是一个或多个核心旅游休闲项目。但无论什么项目都应该打造自己的核心吸引中心，以此吸引广大游客驻足品位。创意旅游综合体核心吸引中心打造的关键在于开发富有地方文化特色的创意旅游产品，以地域文化为灵魂，集文化、旅游、商务、餐饮和休闲功能于一体。

2. 构造休闲聚集中心

构造休闲聚集中心主要指为满足由核心吸引物带来的各种旅游需求而创造的综合休闲产品体系，实际上是在泛旅游产业构架下各种休闲业态的聚集，主要包括主题酒店群、特色商业街、主题演艺、休闲体验等。创意旅游综合体构建的核心吸引中心会吸引大量游客前来观光，但要留住游客并扩大其消费领域，就需要满足游客诉求，提供更多的文化创意产品，把文化创意旅游综合体打造成为集休闲、娱乐、购物为一体的休闲旅游目的地，激发并满足游客的休闲消费需要，促进当地旅游经济的发展。创意旅游综合体的休闲聚集中心可以融汇独具特色的时尚元素及文化创意元素。在这里，旅游者可以品地方文化、享特色美食，同时还可参与多姿多彩的民俗活动，从而在旅游过程中尽情享受文化、消费文化、体验文化。

3. 创造延伸发展中心

创造延伸发展中心主要指延伸发展地产业、泛旅游产业、现代服务业等相关产业，这是获取土地开发巨大收益的重中之重。如果对文化创意旅游综合体只打造核心吸引中心与休闲聚集中心这两部分，它只能带来基本的旅游收入，并不能增加旅游的附加值。文化创意旅游综合体的可持续发展与产业价值链的延伸密切相关。文化创意旅游综合体的延伸发展主要是休闲地产社区、会议会展的和文化创意产业的开发，同时还包括现代农业、现代服务业的开发等，最终形成一个泛旅游产业的发展构架。

## 二、创意旅游社区与村镇

### （一）创意旅游社区与村镇的概念与特征

#### 1．创意旅游社区与村镇的概念

创意旅游社区是指依托旅游地社区空间，在文化创意产业和旅游业融合的大背景下，由文化创意产业吸引物和旅游六要素（吃、住、行、游、购、娱）相结合而形成的新型旅游产业模式。这其实也可以视为一种依托当地原生态文化空间的特殊的创意旅游综合体。所依托的当地文化物理空间可以是一个社区，也可以是一个村或小城镇。依托原生态的当地居民生活空间，更有利于深入挖掘和利用当地民族文化基因。

#### 2．创意旅游社区与村镇的特征

这种依托当地原生态文化空间的创意旅游社区与村镇也同样具有融合性高、创意性强、文化性强等特征。除此之外，相对于完全人造的创意旅游综合体，创意旅游社区还有一些独特属性，即当地社区居民和文化基因的完全融入、社区功能与旅游功能的高度重合、更具有民族文化的真实性。这些特征使其不仅更有吸引力，而且对当地发展更具带动性。

### （二）创意旅游社区与村镇的实践设计思路

伴随着乡村振兴战略和新型城镇化战略的深入落实，美丽乡村和特色小镇的建设显得格外紧迫。创意旅游为其实现提供了一个新型思路。依托原生态社区村镇空间，完全可以按照打造创意旅游综合体的思路进行实践设计。

#### 1．打造核心吸引中心

每一个社区空间要想形成个性化的核心吸引中心，在引入创意旅游空间建设的同时，还必须选择一个属于自身独特性的主题。例如打造马文化主题创意旅游社区，所有的创意景观展示设计、活态的创意景观展示和旅游接待环节都应明显与马文化有关，吃马肉、喝马奶酒、生产马具、马车等相关附加产品、开展赛马、养马培训等相关活动，最终形成特色鲜明，与众不同的主题化创意旅游空间。

**2．构造休闲聚集中心**

在泛旅游产业构架下，围绕主题酒店群、特色商业街、主题演艺、休闲体验等留住游客并扩大其消费领域，满足游客更多消费诉求，把创意旅游社区打造成为集休闲、娱乐、购物为一体的草原休闲旅游目的地，激发并满足游客的休闲消费需要，促进当地旅游经济的发展。在这里，旅游者可以品地方草原文化、享特色美食，同时还可参与多姿多彩的草原民俗活动，从而在旅游过程中尽情享受文化、消费文化、体验文化。

**3．创造延伸发展中心**

创意旅游社区不仅仅拉动旅游发展，更多的是带动相关产业发展，增加旅游附加值。创意旅游社区的可持续发展与产业价值链的延伸密切相关。其延伸发展不仅会拉动休闲社区、会议会展的和文化创意产业的开发，还必然会拉动现代农业、牧业、服务业的全面开发等，最终形成一个泛草原文化旅游产业发展构架。

## 第三节　草原旅游地创意旅游活动的实践设计思路

要在草原旅游地塑造形成地方文化氛围和文化创意氛围，除了创意景观展示和创意空间设计之外，最关键的是进行文化创意旅游活动的互动化和体验化设计，增加旅游者的体验深度。

### 一、草原文化主题创意旅游活动

#### （一）草原文化主题创意旅游活动的概念与特征

**1．概念**

由于创意旅游以文化为本位，而草原旅游地文化资源丰富，为了避免“大而全”和“雷同化”，任一草原旅游地都应选择本地个性文化元素，进行主题化开发。所以草原文化主题创意旅游活动是指依托某一个性的草原文化元素，以其为主题开发设计一系列具有主客创意思维互动特征的旅游活动。

2．特征

一般来说，草原文化主题创意旅游活动的开展可以依托特定的创意旅游综合体或创意旅游社区空间，并以一系列主题化创意景观展示来烘托空间场所的地方文化氛围。但也可以不依托固定场所，也就是说活动的开展可以根据现实需要在草原旅游地进行空间移动。例如挤马奶、挤牛奶活动也可能离开社区和园区。

在现实生活中，我们每个人都能够以不同的方式将旅游体验的不同要素进行组合，产生新的创意体验。草原文化主题创意旅游活动虽然也具有产业融合性高、创意性强、文化性强等特征，但其是围绕某项文化体验展开的，更加注重展现行为文化。所以当地社区居民和文化基因的完全融入是其成功的关键。

**（二）草原文化主题创意旅游活动的实践设计思路**

草原文化主题创意旅游活动重在通过主客互动、创意思维激发来加深旅游者对旅游地文化的身心体验。对旅游者而言，两个旅游目标比较明显：一是旅游地文化的具身体验；二是自身潜能和知识技能的增加。所以草原文化主题创意旅游活动的实践思路应是：以当地某一文化知识和技能为主题，借助当地居民和当地生活环境，为游客传授该文化主题相关的技能。在主客互动过程中，需要引导和启发游客挖掘其自身的想象力和创意思维，对现实中的某项技能、工艺流程或操作方法进行个性化修改，最终按照游客的创意思维生产出属于游客个人特性的文化产品。

在对草原旅游地文化主题进行选择时，旅游地可以根据本地代表性文化提供一系列主题供游客选择。而这些文化主题可以来源于草原居民生活中的任何环节。以草原上盛行的蒙餐中的奶食品奶酪为例，现代工厂中机器加工生产出的奶酪与草原居民自制的奶酪截然不同，按照传统方法手工制作奶酪则需要一系列流程。传统的蒙餐奶酪分为生奶酪和熟奶酪，制作方法也截然不同。生奶酪的做法：把鲜奶倒入筒中，经过翻搅提取奶油后，将纯奶放置在热处，使其发酵。当鲜奶有酸味后，再倒入锅中煮熬，待酸奶呈现出豆腐形状时，将其舀进纱布里，挤压除去水分。然后，把奶渣放进模具或木盘中，或挤压成形，或用刀划成方块，生奶酪就制作成功了。熟奶酪的做法：先把熬制奶皮剩下的鲜奶或经过提取奶油后的鲜奶，放置几天，使其发酵。当酸奶凝结成软块后，再用纱布把多余的水分过滤掉，放入锅内慢煮，并边煮边搅，待呈糊状时，将其舀进纱布里，挤压除去水分，然后，把奶渣放进模具或木盘中或挤压成形，或用刀划成不同形状。奶酪做成后，要放置在太阳下或通风处，使其变硬成干。在进行创意旅游活动设计时，必须实现主客互动、挖掘游客的创新潜能，使其在体验当地文化内涵的同时，也获得了自身知识和技能的提升（如图 4-4 所示）。

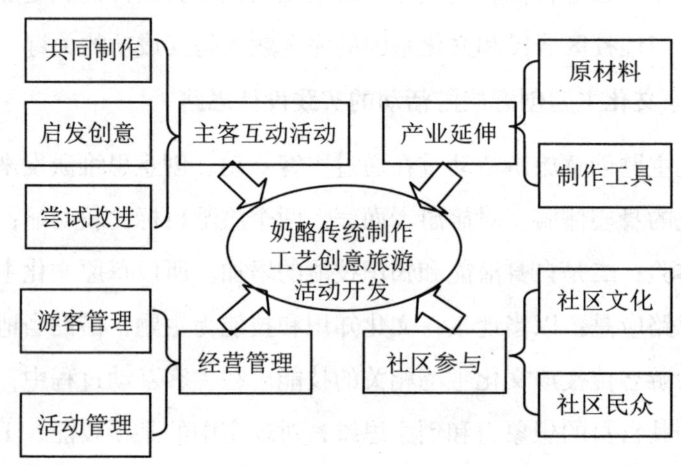


图 4-4　蒙餐奶酪传统制作工艺创意旅游活动开发思路

## 二、研学主题创意旅游活动

### （一）研学主题创意旅游活动的概念与特征

#### 1. 概念

研学旅游已经成了教育界和旅游界的一个热门话题。但是，综观目前的研学旅游市场，各种“游而不学”或干脆就把研学旅游等同于普通旅游以及“夏令营”“冬令营”的现象层出不穷。但实际上研学旅游与普通旅游有着本质上的不同。第一，研学旅游的主体是学生；第二，研学旅游的除了吃、住、行、游、购、娱之外，重点必须落在“研学”上；第三，研学旅游目的地选择必须是能为旅游者提供讨论、分享、展示、交流和参与体验机会；第四，研学旅游必须评价学生是否真正收获了知识，提升了能力[①]。研学旅游与创意旅游相结合，就形成了研学主题创意旅游活动。顾名思义，就是重在以研学为旅游主题和目的，能使旅游者（学生）对旅游地文化知识有深刻的体会，对某项技能有所提升。

2. 特征

研学旅游的研究学习与课堂学习不同，它是学生从获得间接经验向获得直接经验的转变，它不再是一种“讲授和聆听”的学习过程，而是学生在旅游过程中通过“自主合作”来“解决问题”的过程。研学主题创意旅游则是将研学旅游和创意旅游有效地结合起来，一方面能增强学生在研学旅游中对自身创意潜能的激发和挖掘，促发其重游意愿；另一方面也能更有效地传播旅游地特色文化。所以这将可能成为未来旅游业发展中的一支生力军。

### （二）研学主题创意旅游活动的实践设计思路

创意旅游与主题旅游和研学旅游相融合而产生的研学主题创意旅游活动设计必须抓住三种旅游理念的精髓，使其在旅游活动开展过程中都充分展现。

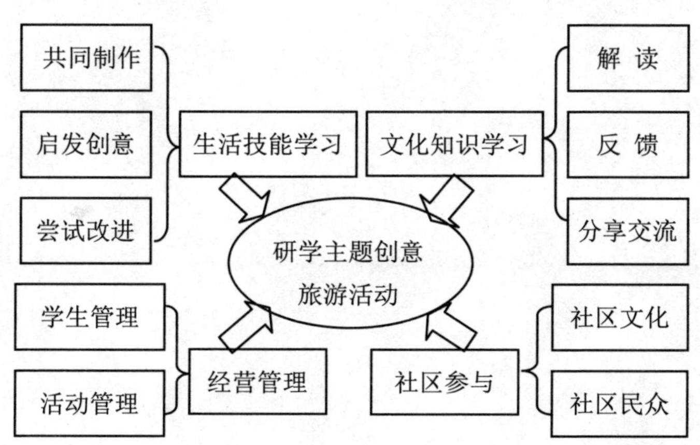


**图 4-5　研学主题创意旅游活动开发思路**

在草原旅游地，其旅游活动主题必然离不开草原文化以及草原文化中孕育的

① 邹开敏. 浅析研学旅游与普通旅游的区别[N]. 中国旅游报，2019-5-21；003.

各项地方文化技艺。创意旅游理念的精髓是当地社区、居民和文化的全面融入，实现主客互动并激发游客的创意潜能。研学旅游的核心则在于让学生通过自己亲自动手、动口、动脑参与到旅游地文化和技能的理解和学习中。根据这几方面的诉求，草原旅游地研学主题创意旅游活动可以分为：旅游地文化知识学习项目和旅游地生活技能学习项目。实践设计与开发思路如图 4-5 所示。

# 第五章　草原旅游地创意旅游开发中的产业链延伸

## 第一节　创意旅游的产业楔入

### 一、产业发展视角下的创意旅游业态

创意旅游的发展需要创意产业为其提供支撑，主要涉及产业楔入、创意氛围和创意思想融入[①]。创意产业楔入的领域主要涉及工艺美术品设计、虚拟技术、建筑环境设计、文艺创作表演、影视制作与传播、商务与会展策划以及时尚消费创意等。创意氛围则是以艺术与建筑为载体，非主题化特征突出的空间场域。创意产业园区是创意氛围塑造空间的主要代表，为创意旅游发展提供了良好实境。创意思想则显得格外关键，因为它可以治理旅游产业发展普遍存在的复制化和路径依赖化现象。

创意旅游从创意景观到创意商品，再到创意产业园、创意旅游综合体和集聚区，呈现出了不同的发展业态（如图 5-1 所示）。但创意旅游在发展中不能过于强调产业化改良，而应该重视旅游者作为生产者和自我构建者的旅游需求，应关注旅游活动的内生性发展，把旅游主体作为参与旅游产品设计与制造者。真正的创意旅游活动重点应关注创意过程，关注旅游者的内在体验。虽然具有特定的环境氛围塑造，但创意活动应具有随意性，具有生活化的场景与氛围。很多草原乡村地区可以开展家庭式体验与学习活动。创意旅游活动的空间完全可以从创意产业要素集聚的城市向具有地方特色的草原乡村地区蔓延。

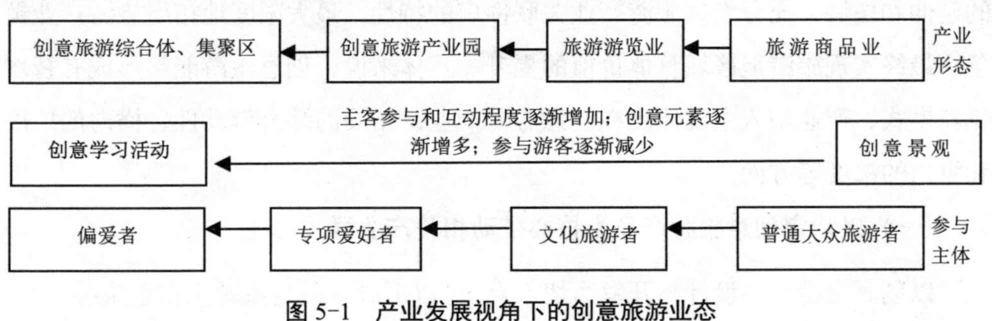


图 5-1　产业发展视角下的创意旅游业态

① 刘春济，高静．论创意旅游发展及其需要处理的几对辩证关系[J]．北京第二外国语学院学报，2014（3）：3．

在一些城市和乡村地区出现了旅游要素集聚区。这些旅游集群分为两类：一是自然产生的集群，二是政府主导组织集群。自发产生的自组织集群依托旅游市场和当地旅游产业的互动而自然延伸而成。政府主导下的集群则常常是制度性安排。创意旅游发展以当地文化为本位，而文化知识具有知识外溢和发散传播的特点。所以创意旅游集群内部要素应采取松散连接的方式，为创意思维的原创性发挥提供环境氛围，保证创意思维的原创性和鲜活性。而政府主导下的创意旅游集聚则很容易出现高度组织化、统一化、标准化，没有柔性的边界。上海首批被授牌的 18 家创意产业园都是自发组织形成的，展现出了可持续发展的活力。而后期具有政府主导特征的挂牌园区则显得缺乏活力。在创意旅游集群的塑造过程中，当地政府应清晰自己的角色和作用。政府可以发挥引导作用，多在宏观旅游环境方面加大投入力度，而不应过度干预市场机制的运行。

## 二、创意旅游的产业楔入路径

与传统的旅游发展模式不同，创意旅游是旅游产业发展模式的革新。它主张用创意产业思维方式来整合旅游资源、创新旅游产品、锻造旅游产业链[①]。首先它强调对各类传统资源和社会资源的多维度系统化整合。其次，它强调对未来文化遗产的创造和生产。人类的创意活动成果很容易成为新的旅游吸引物。再者，创意旅游还可以塑造和引领新的消费潮流。它能够使以往的市场导向性旅游发展模式转为创意引导市场需求的新型发展模式。最后，创意旅游更加注重旅游产业链的延伸和拓展，充分发挥旅游产业关联性广的特性，最大限度地拓展旅游产业链条，最终实现旅游地区域整体价值的提升。具体来说，创意旅游能够形成有智增长新模式，产业切入主要体现在创意旅游产业链拓展的综合带动性、横向的广度和纵向的深度等方面。

### （一）以特定创意旅游产品为核心带动相关产业群

以创意旅游产品设计与开发为切入点，可以形成一系列主题化创意旅游产品。这些产品依托于文化基因，在生产过程中有可能涉及一系列的支持产业群、配套

---

[①] 厉无畏，王慧敏，孙洁．创意旅游：旅游产业发展模式的革新[J]．旅游科学，2007，21（6）：2．

产业群或衍生产业群，进而可能带动本地多个产业群发展。文化创意产品开发是产业核心，形成一系列吸引物。但是需要一大批支持其制作和传播的企业群体，例如科技、广告、影视传媒、金融等行业企业。配套产业不是创意旅游产品开发和生产的直接企业，但是他们为创意旅游产业的整体发展创造了良好的环境和氛围，例如餐饮、娱乐、培训、加工等也同样吸引了相关人才的聚集，推动了当地创意旅游产品的推广和促销宣传。衍生产业涉及为创意旅游核心产品提供产业要素投入的其他相关企业群体，例如玩具、文具、服饰服装、食品、箱包、旅游纪念品等。厉无畏指出上海杂技团创作的“梦幻时空之旅”演艺节目就突破了传统的同类杂技项目界限，引入了相关行业的多重元素，形成了演艺主题，实现了传统杂技的价值创新，成了当地的旅游名片和代表性活态景观。

### （二）跨越文化创意旅游产业边界实现横向联动发展

创意旅游产业链的横向拓展体现了产业链的广度。创意旅游开发可以和其他各个产业部门直接和广泛地进行融合，实现小旅游产业链向大旅游产业链条的拓展和转型。旅游产业链的大幅度拓展重点应突破传统的旅游发展六要素行业，充分顺应体验经济时代的旅游消费需求态势，把创意旅游作为旅游产业成长和实现“旅游+”的旅游产业投入要素和增值资本，成为各相关产业增长附加值的重要途径，形成旅游产业和相关产业的融合与互动，从而形成大旅游产业链的持续良性循环。也就是说，旅游产业链的横向开拓必须跨域不同的产业行业边界，实现传统旅游产业和各个相关产业之间的充分融合与无缝连接。通过此途径可以实现创意旅游产品与产业链条直接优化和改善传统的工业、农业以及制造业的产业结构。大旅游产业链中的各个产业链环节之间可以形成有机联动，相互提升产业价值，最终提升整体产业链的综合价值。大连著名的创意农业旅游项目——大型创意玉米迷宫项目就是典型的代表。它将传统农业与现代旅游业充分融合，同时进行创意化情境设计，利用传统农业的特性与旅游体验活动和身心拓展相结合，实现了生态农业、人文乡村风情和娱乐休闲与创意体验的深度融合。与之相配套，融合了农业采摘、家畜代养、民宿住宿和滨海浴场等服务项目，成功构建了当地大旅游产业链，提高了农业产业附加值，也增强了旅游吸引力。

**（三）跨越文化创意旅游的上中下游产业链边界实现纵向融合发展**

创意旅游产业链在纵向上与上下游产业环节进行渗透和拓展的程度体现了产业链的深度。创意旅游要带动纵向产业升级，就必须围绕旅游消费者的潜在消费需求构建新型的旅游产业链，延伸出全新的产业发展空间。在产业上游，可以向旅游单项产品的研发拓展，下游则可以向旅游品牌销售渠道延伸。最终通过旅游消费需求导向指引旅游供给产品的设计与功能优化，顺应现代旅游消费偏好，通过恰当的渠道培育越来越多的旅游忠诚顾客。旅游需求属于精神需求，具有无边界、无止境的特性，旅游消费空间无限广阔。一旦产生新的精神消费需求，就会直接引发一系列创意旅游供给，衍生出新型的产业集群。例如青岛的帆船之都旅游形象定位引导了一批与之相关的行业企业发展，帆船制造、维修、美容、驾驶技术培训等业务，体育产业、酒店业也都得到了带动，亲水旅游项目也日趋兴盛，海洋系列服饰也得到了推动。

## 第二节　草原文化创意旅游产业链拓展：以蒙古族“男儿三艺”为例

由于创意旅游本身就“强调旅游产业链的拓展和延伸”[①]，所以对草原非物质文化进行创意旅游开发，就必须考虑如何强化旅游发展对地方经济的产业拉动效应。旅游产业链是指在一定区域内，以具有较强竞争力的旅游企业为核心，围绕满足旅游者各项旅游需求而形成的相关行业间、企业间相互影响的具有竞合关系的所有企业集合体[②]。旅游产业链包括核心产业链从上游到下游的生产过程所涉及的相关产业部门[③]。与传统制造业不同，旅游产业链具有明显的横向性，每个单独

① 厉无畏，王慧敏，孙洁．创意旅游：旅游产业发展模式的革新[J]．旅游科学，2007，21（6）：3．

② 王起静．旅游产业链的两种模式及未来趋势[J]．经济管理，2005（22）：75-80．

③ 赵小芸．旅游产业的特殊性与旅游产业链的基本形态研究[J]．上海经济研究，2010（6）：42-47．

的企业都可以直接面对旅游消费者[①]。基于此，这里不是研究整个旅游产业链条，而是围绕旅游产业链中的重要链接点——旅游地的旅游吸引物或旅游景区开发与相关产业延伸问题展开探讨。

## 一、蒙古族“男儿三艺”是典型的草原非物质文化资源

“男儿三艺”即蒙古草原中常说的“好汉三艺”“蒙儿三艺”，包含赛马、摔跤（搏克）和射箭比赛三项竞技项目，源于蒙古族的传统集会那达慕，目前是内蒙古草原地区重要的蒙古族体育项目，也是典型的草原非物质文化。蒙古族“男儿三艺”作为典型的草原非物质文化资源，非常适合进行创意旅游开发。但在当前草原旅游业中对“男儿三艺”的开发利用还处于初级水平，对相关产业的拉动效应并不明显，仍存在旅游功能单一、产业链条短、产业链本地化不足等问题。产业链延伸是创意旅游的内在要求，也是旅游开发主体的愿望，同时也能更好地实现草原非物质文化传承和旅游扶贫效应。这里以蒙古族“男儿三艺”为例，围绕其创意旅游开发过程中的产业链延伸与拓展问题进行初步探讨，期望对创意旅游在草原旅游实践中的运用起到指导作用。

## 二、蒙古族“男儿三艺”在草原旅游业中的产业链延伸现状

### （一）旅游功能单一，停留在活动表面

草原地区非物质文化资源丰富，但在草原旅游开发中的应用却十分有限。传统的企业化开发和大众旅游发展模式使内蒙古草原旅游业有了初步发展。但在经历了旅游开发热情高涨、相关利益主体之间（草原社区居民与外来开发商）矛盾激化等阶段之后，目前内蒙古草原旅游依然停留在“以观光和浅层次体验为主”的初级开发水平阶段，草原文化旅游其实还处于“纸上谈兵”阶段。

作为典型的草原非物质文化，蒙古族“男儿三艺”在内蒙古草原旅游开发中一直有所呈现。例如在锡林郭勒盟的格根塔拉旅游景区，在景区门外有“马队迎接”仪式，在草场上有骑马表演、游客骑马体验等活动项目。游客骑马时，一般

---

① 陈实．旅游管理前沿专题[M]．北京：中国经济出版社，2013：127.

是由景区工作人员牵着马，载着游客走几圈。有些景区也有射箭、摔跤比赛表演项目，但一般以接待方表演、游客观赏的形式为主。从旅游功能的发挥程度看，这只是停留在观赏层面加上偶尔的初级体验活动，缺乏主客双方的深层积极互动，缺乏对社会、文化及生态功能的关注。只是对资源本身的直接利用，停留在活动的表面，处于初级开发水平。

**（二）产业链条短，产业拉动不够明显**

蒙古族“男儿三艺”在草原旅游业中利用不足的另外一个表现就是缺乏对这种草原非物质文化资源的深度挖掘，没有广泛拓展产业链，也就无法产生明显的产业拉动效应。从产业波及范围看，只是停留在骑马、摔跤、射箭这三项技艺的活动本身，并没有对更多相关产业要素进行拓展。就赛马而言，与马相关的产业要素有很多，但马文化并没有被充分挖掘出来。如今呈现的让游客看马、骑马或喝马奶酒的活动只能让游客感受到草原上有马、有骑马的传统、有制作马奶酒的工艺，这种体验在游客脑海中的记忆最终会变为一些简单符号，很容易被其它记忆冲蚀掉，并且也没有对与马相关的产业发展起到拉动效应。

**（三）产业链本地化程度不足**

旅游业发展的本地化是指充分利用旅游地资源，包括原材料和旅游从业人力资源，以本地旅游企业为龙头，形成完整的旅游地产业链，最大限度地使旅游收益留在本地，进而实现安置本地居民就业，实现旅游业的扶贫效应。在草原社区旅游接待中，有些牧民会牵着自己所养马匹为游客提供骑马体验，大多是主人牵马、游客骑马的形式，偶尔也会出现东道主为游客表演赛马、摔跤和射箭等传统体育项目。大量调研显示，在内蒙古草原地区，目前的旅游开发以外来企业开发为主，常常依赖外来原材料和旅游从业人员，草原旅游业的收益漏损比例过大，而当地草原社区居民参与程度较低，无法充分分享到旅游发展带来的好处，所以很多居民对草原旅游业的发展并未呈现积极态度。

**（四）尚未形成“男儿三艺”旅游景区**

在草原地区旅游开发中，由当地居民充分参与而形成的本地化旅游景区往往具有独特的吸引力。因为在这些当地居民身上就带着真实的文化符号，而这些符号正是大多数游客所向往的吸引物，这往往是外来的从业人员无法复制和模仿的资源，从中国南部少数草原地区的草原旅游发展中就可以看出这一点。在当前草原旅游中，包括蒙古族“男儿三艺”在内的很多草原非物质文化资源并没有得到充分开发利用，更没有形成各具特色的草原旅游社区或景区，所以草原非物质文化产业链的延伸空间还很大。

## 三、创意旅游开发视角下“男儿三艺”产业链延伸的驱动因素

### （一）创意旅游的内在要求

关于创意旅游的内涵，国内外学者有多种看法，理查德和雷蒙德认为这是一种旅游形式，国内有些学者认为是一种旅游产品，有人认为是一种产业发展模式，也有人认为可以作为一种区域旅游发展战略，笔者认为创意旅游也可以理解为一种旅游开发理念。创意旅游的概念与内涵表述无论有何变化，其核心内涵是不变的。大家都认为创意旅游是为游客创造一种深入体验旅游地文化的机会，在这个过程中，需要主客双方互动，并以游客为中心，激发游客产生“奇思妙想”的创意并促使其实现。既然以游客为中心，以游客的随机创意产生和实现为旅游开发目标，那么旅游业可能波及的产业面必然是广阔无边的。所以厉无畏等人指出，创意旅游的发展思路就是充分发挥旅游产业关联带动效应，强调旅游产业链的拓展和延伸①。

### （二）旅游开发参与主体的强烈愿望

对草原非物质文化资源的创意旅游开发，参与主体可能涉及多个层面。首先，政府作为地方经济发展的推动者，无论是草原旅游发展刚起步还是达到成熟，它都希望通过旅游业的发展实现对更多产业起到拉动作用，以此实现政府工作目的。对旅游开发商而言，他们也希望通过旅游开发来拉动相关产业，从而有机会从更多产业获取收益。当地社区是旅游开发的受影响者和受益者，他们不愿承担旅游

① 厉无畏，王慧敏，孙洁．创意旅游：旅游产业发展模式的革新[J]．旅游科学，2007，21（6）：3．

开发带来的环境破坏和其他旅游干扰结果，但他们却渴望旅游业为其带来更多就业、盈利、展示和弘扬草原文化的机会。旅游产业链拓展越宽广，对当地社区带来的发展机会就越多，社会福利就越多。

**（三）充分展现草原非物质文化内涵**

草原非物质文化蒙古族"男儿三艺"有其丰富的文化内涵。"男儿三艺"的起源、活动目的、功能、内容和形式的历史演变，在当今草原居民生活中的角色，活动中蕴含的技艺技巧、比赛规则等一系列问题都蕴含着一定的文化内涵。创意旅游有创意展示、创意空间、创意活动等三种基本形式，其实就是三种不同开发水平的产品形态。以不同产品形态对"男儿三艺"进行创意旅游开发，自然会涉及多个相关文化元素，会拉动多个产业产品的开发，例如赛马活动会拉动马术技艺的传授和培训，摔跤比赛可以拉动蒙古族摔跤服饰的生产，这样通过产业链拓展可以使其文化内涵得到充分展现。

**（四）充分发挥旅游扶贫效应**

旅游业具有产业关联度广的特点，其发展离不开众多相关产业的支撑，但同时也可以波及和拉动更多相关产业发展。对草原社区而言，旅游业只是牧区发展的产业之一，还有很多其他产业能拉动草原经济与社会发展。就骑马活动而言，它可以涉及养马、驯马、制作马产品（例如马奶酒）、制作马具、马靴等多个产业元素；摔跤、射箭也一样，可以拉动摔跤技艺传承、摔跤服饰制作以及射箭技艺、弓箭制作等产业发展。通过创意旅游开发，形成以草原文化旅游为核心、波及更多文化元素的泛旅游产业体系，这对增加草原牧区的经济效益、促进草原产业发展以及实现旅游扶贫效应具有重要意义。

**（五）充分保护和发扬草原非物质文化**

蒙古族"男儿三艺"起源于蒙古草原部落，传承于草原地区民间。但随着现代市场经济思维的渗透，人们开始追逐那些"有利可图"的事物，这使得很多非物质文化遗产没有得到继承和发扬，从而逐渐走向消亡。通过对"男儿三艺"的创意旅游开发和对相关产业的拉动，可以为草原社区带来明显的经济利益和社会福利，这就直接推动本地居民积极对草原非物质文化进行保护、传承和发扬，进而起到旅游与文化互动发展的效果。

## 四、创意旅游开发视角下“男儿三艺”产业链延伸的实现路径

### （一）从“文脉”视角延伸产业链

文脉即指一种文化的脉络，是一个在特定空间发展起来的历史范畴，其上延下伸包含着极其广泛的内容。草原非物质文化不脱离草原居民的生产生活，是草原居民个性与习惯的显现。它存在于民间，依托于人而存在，以声音、形象和技艺为表现手段，以言传身教为文化链得以延续。

任何一项文化的形成与发展都有其特定的演变历程，所以可以从时间轴线探寻其文脉，可以根据其内容、形式与功能的演变来实现对相关产业的拉动（图 5.1）。蒙古族“男儿三艺”最早的竞赛形式是草原部落中的“那达慕”。那达慕起源于 13 世纪初，最早见于康熙年间的百灵庙（今内蒙古包头市北白云鄂博附近），那里是那达慕草原盛会的起源地[①]。其前身是蒙古族“祭敖包”盛会，是蒙古族在长期游牧生活中创造和流传下来的具有独特草原色彩的节日活动。当时蒙古族首领们举行大聚会时，除制定法规、任免官员、进行奖惩外，还要举行规模较大的那达慕。那达慕主要项目就是进行蒙古族喜爱的射箭、摔跤、赛马比赛，这三项比赛技艺被称为“好汉三艺”或“男儿三艺”。“男儿三艺”作为一种草原传统文化从产生到发展和演变，至今已经历了 800 年的历史历程，其具体目的、内容和功能都发生了一定程度的变化。如今，那达慕大会已真正成为草原草原的游艺场所。除竞技性的草原传统项目比赛外，还增设了马球、马术、马竞走、骑马射箭、各种展览、采购物资、交流信息、学习科技知识等内容。经过近千年的文化积淀，那达慕已成为蒙古族文化不可缺少的组成部分。其中“男儿三艺”已成为内蒙古草原地区典型的非物质文化资源。同时从活动的具体内容也可以发掘很多与其相关的文化元素，例如那达慕大会中的比赛规则与流程及其演变历程，相关草原工艺品的制作，如弓箭、摔跤服饰制作，相关的生产生活内容，如养马、驯马与马

① 李秀芳．蒙古族传统体育文化那达慕的发展[J]．体育文化导刊，2008（11）：36-37．

产品生产等（如图 5-2 所示）。围绕三项竞技比赛的相关背景与文脉传承，可以将相关文化元素纳入到产业链拓展进程中，从而扩大创意旅游活动的波及面和影响力，增强对草原地区经济与社会的全面拉动。

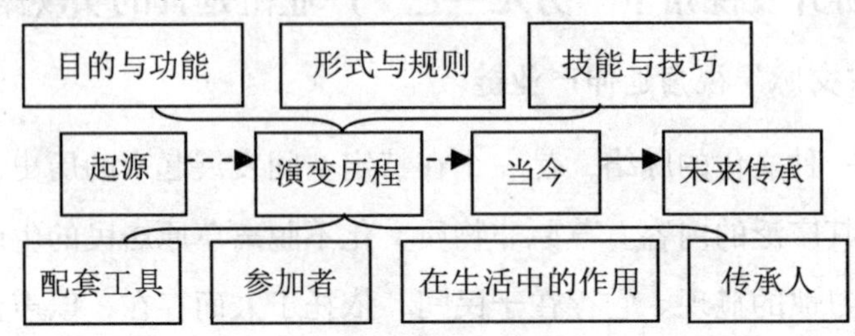


**图 5-1　时间脉络视角的文化元素演变**

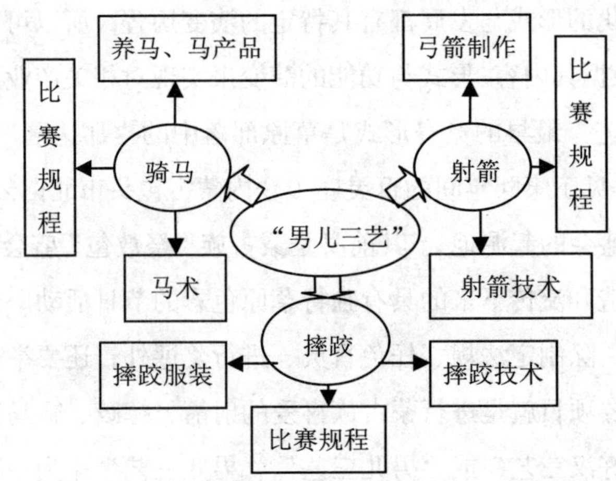


**图 5-2　活动内容视角的文化元素呈现**

## （二）从产品视角拓展产业链

创意旅游有创意展示、创意空间和创意活动三种处于不同开发层次的产品表现形式。蒙古族“男儿三艺”作为旅游资源开发时，根据创意旅游开发的阶段和水平，可以呈现多样的旅游产品形态，这些多样的产品形态必然会波及更多的产业要素。

创意旅游开发的最低层次就是通过创意化设计使相关文化要素以物化、可视化的方式进行静态或活态化展示。一方面可以将“男儿三艺”的文化元素设计成草原地标和景观小品，这些静态创意展示产品可以选取草原生态材料；另一方面可以通过草原节事活动，例如那达慕或草原祭祀，或以当地居民为主体形成舞台化文化展演，实现对该文化资源的活态展示。在这个开发层面，当前草原旅游中已经有少许展现，只是还没有形成产业规模效应。

将大量草原文化产业要素集聚于特定空间，在创意展示产品基础上，凭借更多的建筑、艺术、设计和文化符号形成创意旅游产业专门空间和氛围，这就可以形成草原文化创意旅游园区或专业村镇，这是创意旅游发展的中级形态，也是目前在城市中比较时尚的产品形式。在草原旅游地，由于产业要素集聚具有一定的实施难度，这样的专门空间尚未真正形成，笔者认为这是草原旅游发展中亟须重点开发的新型草原旅游产品形态。这种空间产品的运转需要一系列相关产业支撑，就像影视城拉动电影道具、服饰、音响摄像设备等产业一样，如果构建摔跤王之家、射箭专业旅游社区、马文化创意旅游村等“蒙儿三艺”文化创意旅游产业园区，就可能拉动养马、驯马、马产品生产、射箭技艺培训、射箭设备制作、摔跤技艺培训等多个相关行业发展，可以在一定程度上波及和拉动农牧业、文化产业、加工制造业以及传媒、服装等产业发展。

在创意旅游高级阶段，需要以游客为中心，为其创造深刻的文化体验。在活动过程中，首先需要注重游客参与，充分体现游客的主动创意思维，引导其进行创意生产。一方面需要游客体验真实的草原文化，引导游客参与到草原生活中去，例如参加那达慕大会或体验“蒙儿三艺”在牧民生活中的真实地位；另一方面，让游客通过学习“蒙儿三艺”相关知识和技艺来深化对草原文化的感受。在整个旅游活动体验过程中，应使游客获得的不是“看到了草原文化”，而是“感受到了草原文化的内涵”。在对游客创意思维挖掘的同时，就可以推动对相关文化元素的产业化转化，包括对相关技艺、产品的创新设计和新技术引入，例如对马奶酒制作方法的更新，对三项体育竞技的传授与培训等等。

### （三）从产业融合视角扩散产业链

创意旅游的发展思路是以旅游活动和旅游吸引物为核心，主动与一产、二产等产业融合，构建跨越各个产业部门的多层次旅游产业链，促进区域整体功能提升与转型[①]。从产业融合视角看，应围绕蒙古族“男儿三艺”的具体活动内容扩散产业链，加强旅游产业与文化创意产业、体育产业、加工业以及其他服务业的融合。一方面，在深度上需要注重将相关产业的价值链和技术链相融合，例如对“男儿三艺”相关草原传统工艺品进行深加工和创意化加工；另一方面，在广度上需要注重向第一、二、三产业进行尽可能地全面拓展（见表 5-1），形成渗透于不同产业层次的创意产品。当然，具体需要拓展到哪些相关产业，需要根据当地的创意旅游发展层次和阶段而定，并不一定从开始就全面开拓这些产业。

**表 5-1　产业融合视角的“男儿三艺”产业链扩散**

| 产业链 | 波及产业 | 深度延伸 | 广度拓展 |
| --- | --- | --- | --- |
| 核心产业链 | 旅游产业 | 草原观光、观演、空间氛围、主题园区、主客互动活动 | 相关雕塑、景观小品、旅游节庆或那达慕大会、主题旅游社区或村镇、草原活动体验、旅游纪念品 |
| | 创意产业 | 创意展示、创意空间与氛围营造、创意活动、创意纪念品、创意营销 | 建筑艺术创意设计、工艺品创意设计，创意激发活动设计、草原技艺与工艺学习、草原纪念品创意化制作等 |
| | 文化产业 | 文化展示、文化展演、文化体验活动、文化创作与发展 | 文化出版、印刷、摄影、影视、包装、动漫等 |
| | 体育产业 | 竞技展示、体育比赛、技能改进 | 体育表演、体育服饰、体育技能培训 |
| 横向产业链 | 第一产业：农牧业 | 农牧业价值提升：畜牧业、配套农业 | 养马、育马、传统马产品、农牧产品生产 |
| | 第二产业：工业、制造业、纺织业 | 综合工业价值提升：技术研发，相关服饰、工艺品加工，草原食品加工 | 马奶酒等现代草原产品生产，马鞍、弓箭、相关服饰等配套产品加工，相关工艺品生产 |
| | 第三产业：服务业、休闲娱乐业 | 信息、教育、传媒、体育、影视、娱乐等现代服务业 | 相关产品的产业化转化，康体、摄影、草原文艺与艺术创作、影视制作、娱乐、美食休闲、购物等 |

① 厉无畏，王慧敏，孙洁. 创意旅游：旅游产业发展模式的革新[J]. 旅游科学，2007，21（6）：3.

## 五、创意旅游视角下“男儿三艺”产业链延伸应注重的问题

产业链延伸问题是创意旅游开发中不可回避的问题。旅游产业与创意产业、草原文化产业、体育产业等产业的融合发展是互动双赢的。在草原牧区旅游发展中，无论是政府主导，还是企业主导或社区主导，当地政府都应主动承担沟通、协调、引导和支持功能，企业应树立旅游产业合作观念，将草原社区居民与社区文化融入其中，推动创意旅游产业得以全面拓展，推进草原地区经济与社会整体发展。

### （一）注重培育本地化核心旅游景区

无论草原非物质文化产业链如何延伸，都应注重形成草原旅游品牌，避免形成“大而全、无特色”的局面。首先应在产业链充分延伸的理念下，逐步形成以“男儿三艺”为主题的创意旅游景区。这些景区无论是另辟天地的创造式开发还是依托于某些草原村镇，都必须坚持让当地社区居民充分融入其中，使其不断获得收益，尽可能多用本地原生态材料，以此形成原生态的“真实”草原文化旅游景区，并获得可持续发展。在此基础上，才可以围绕核心旅游景区实现对相关产业链的拓展与延伸，甚至可以形成一系列产业集群。

### （二）注重加强产业链整合，形成产业集群

相关研究表明，单一的产业系统发展潜力非常有限。“男儿三艺”产业链应是一个有机整体，它应立足于草原居民的日常生产生活，需要相关企业围绕核心旅游景区实现协同效应。例如当地居民可以到旅游景区中进行草原产品的制作以及技艺传授，制作马具、摔跤服饰、弓箭等草原产品的企业也可与核心旅游景区之间实现互动。针对高级形态的创意旅游活动，它无明显地域边界和产业边界，随意性和灵活性较大，这就需要形成大草原旅游产业区，甚至形成“村镇即景区、草原即景区”的草原地域文化产业集群发展态势。这需要根据游客的创意需求，每个草原居民、每家厂商都成为旅游接待者和配合者，将社区生活、景区运转、旅游接待与相关产业融为一体，将大旅游区内的所有产业均纳入到创意旅游产业发展中。这就必然需要大量相关产业支撑，也必然推动草原牧区快速实现新型城

镇化，促发形成一些草原特色旅游小村镇。所以应在“大产业、大旅游”理念下，打破传统旅游边界，深度拓展涉旅要素体系，拓宽产业波及面，促进资源整合与产业融合，通过旅游业与农业、文化、体育等相关产业间的融合，实现旅游产业链的侧向延伸和扩展。

**（三）注重避免雷同化发展**

创意旅游作为21世纪出现的新概念，在国外已经有了大量实践运用，但在国内，整体上还处于初级、中级水平，还没有全面实施真正意义上的高层次创意旅游。在国内相关研究中，将创意旅游运用于草原文化旅游中的研究还是空白，在实践中更没有真正展开，所以创意旅游在内蒙古草原非物质文化旅游开发中的实践运用需要分步骤展开，相关产业链的拓展也不能一蹴而就。创意旅游的魅力就在于注重对游客创意思维的挖掘，注重活动的灵活化和不可重复性，从而避免旅游产品的雷同化。在以创意展示或活态表演为中心的初级开发阶段，一定要避免雕塑景观或相关展演活动的雷同化；在创意旅游中高级产品开发过程中，需要将相关非物质文化元素渗透到特定草原空间或旅游活动中，将舞台艺术、创意活动与草原社区真实生活融合在一起，融入草原社区居民和游客的创意灵感，为游客创造与众不同的文化体验，进而起到避免雷同化的效果。

# 第六章　草原旅游地创意旅游开发的社区融入

## 第一节　草原旅游地创意旅游开发的社区融入必要性

文化是创意旅游的内核，社区是文化的承载体。对草原文化资源进行创意旅游开发离不开当地社区的融入。社区融入包括社区居民参与、社区生活和社区文化的全面渗透。社区参与旅游发展与管理已经受到国内外学者的积极倡导。例如Lankford和Howard（1994）指出，一旦居民参与社区各种活动，他们就会更支持社区的变迁及发展，而忽略或缺乏地方居民参与则会导致居民对旅游发展的反对；Amanda（2000）研究表明，当地居民一旦参与旅游开发，他们会按照游客的期求保护自然资源、环境和当地传统文化[①]。对内蒙古而言，草原社区的参与和文化融入不仅关系到草原民族文化的保护和传承，而且还是草原文化创意旅游可持续发展的关键。目前针对草原文化创意旅游开发及其社区融入问题的研究尚属空白。这里围绕草原文化创意旅游开发的社区融入问题进行专门探讨，以期为草原旅游发展探寻出路，为其创意旅游开发提供思路。

### 一、草原社区的旅游开发价值

#### （一）草原社区是草原旅游地创意旅游开发的基础

创意旅游发展有赖于全方面、多维度的支持，其中创意产业融入、创意管理、社区融入和旅游活动设计是非常重要的四个方面[②]。对草原旅游地文化进行创意旅游开发，同样离不开这四方面的支持和保障。在这四方面因素中，旅游产业链的延伸、旅游活动的开展以及旅游运营与管理都离不开社区居民和社区文化的渗透和融入。如果将草原社区完全排除在外，实施纯粹企业化经营，以人工制造的产

① 程怡，章意锋．国外社区旅游研究进展[J]．云南地理环境研究，2007，19（1）：135-141．

② 刘春济，高静．论创意旅游发展及其需要处理的几对辩证关系[J]．北京第二外国语学院学报，2014（3）：3．

品或场景为主，那都将是生硬的、缺乏本地文化根基的设计。在大众旅游发展浪潮中，文化旅游呈现出了明显的麦当劳化，表现为文化旅游体验的表象化、表演化、简单化和标准化[①]。这不但引起了越来越多旅游者的反感，也受到目的地居民的批评。所以，社区是草原旅游地文化创意旅游开发的前提和基础。

**（二）草原社区融入可以反映真实的草原文化内涵**

简而言之，文化就是特定地区的特定群体区别于非我群体的独特特征，包括有形的文化实体、活化的行为方式以及无形的精神和思想。其中最核心的就在于本地居民独特的信仰、价值观念等精神层面的文化，这种精神文化指导该人群的行为，产生相应的物质文化。一个地方的非物质文化只有通过当地人才能完全体现出来。其他人群可以模仿物质文化的创造，可以学习行为，但精神层面的核心文化是无法模仿的。只有通过本地居民的活动才可以真实体现本地文化，只有社区融入创意旅游活动中，才能带给游客真实的文化体验。

**（三）草原社区融入是草原旅游地创意旅游可持续发展的保障**

草原文化与草原旅游地群众生活密切相关、世代相承的文化。从文化传承上看，只有本地居民参与到文化资源的开发利用中，才能起到继承和发扬本民族文化的效果；从经济利益上看，只有为当地居民带来经济利益，才会得到本地的支持，得到政府、政策的支持；从环境保护上看，社区居民在日常生活中感受本地环境，只有参与到草原旅游开发中，才会自觉保护环境；从知识产权角度看，只有本地社区参与和融入，创意旅游产品才是不可复制的。

## 二、草原社区融入草原旅游发展的总体现状

近年来，随着内蒙古草原旅游的深入开展，涌现出一批草原旅游区及接待点。这些旅游区及接待点或深处草原腹地，如以锡林郭勒盟、呼伦贝尔市为核心的东部草原区；或位于大中城市周边，如分布在呼和浩特市、包头市、乌兰察布市等城市周边的城郊型草原旅游接待区。从数量上看，已不在少数。总体上分析，内

---

[①] 李庆雷，张丹宇．文化遗产地创意旅游产品开发研究[J]．三峡大学学报（人文社会科学版），2014，36（1）：37-41．

蒙古的草原旅游区及接待点主要形成了两种类型：一种是景区式的草原旅游区，其中也包括一些规模比较大的度假村，景区式的草原旅游区依托其较大规模的草场，能够成为团体或散客的旅游目的地；另一种是以牧家乐为形式的草原旅游接待点，一般分布在景区周边或前往景区的途中，难以形成主要的核心吸引力，主要为过境游客提供餐饮或其他简单的服务项目。

表 6-1　两种类型的草原旅游接待区（点）对比表[①]

| 类型 | 规模 | 存在方式 | 经营主体 | 提供服务 | 依托市场 |
|---|---|---|---|---|---|
| 景区式 | 较大 | 有核心吸引力或自然风景、人文风情 | 企业经营；企业 / 个体＋牧民；实力较强的个体户（牧户或非牧户）；多个牧户联合组成 | 餐饮、住宿、表演、娱乐、骑马等 | 团体市场和旅行社 |
| 牧家乐 | 较小 | 核心吸引力不明显，或依托都市市场，或借助景区客源 | 以家庭为单位的私人经营（牧户或非牧户） | 以餐饮为主，部分提供骑马 | 散客 |

虽然两种类型的草原旅游接待区（点）已为数不少，但牧民的参与率与参与度都很低。在这些草原旅游区或接待点，牧民的参与情况大致有三种：一是牧民将草场转让或租赁出去后，基本不参与旅游经营活动，承包者携带外来资金及人力入驻并开展旅游经营活动。在这种情况下，租赁牧民草场的往往是企业或有实力的个体户。二是牧民将草场转让或租赁出去后，被雇佣为服务员或拉马服务者，获得相应工资，只做服务人员的本职工作，不参与任何其他深层次的旅游经营活动，参与程度较低。三是牧民以个体或联合或入股的方式，依托其草场，开展旅游接待活动，规模大的可提供餐饮、住宿、表演、拉马等项目，规模小的仅提供餐饮服务。总体而言，内蒙古草原旅游社区参与的现状呈现出以下局面：

### （一）参与率低

相对于已形成的草原旅游区或接待点的数量，直接或间接参与到旅游发展中

① 张冠群．内蒙古草原旅游社区参与问题探析[J]．前沿，2016（7）：95．

并从中获益的牧民及社区较少，社区参与率较低。在旅游开发中，受实力、见识、知识水平等因素影响，这个弱势群体常常被边缘化，在无政府引导或无企业带动的条件下，绝大部分牧民及社区没有参与旅游发展的途径和能力。

**（二）参与程度极低**

除了少部分牧民自家经营牧家乐以主人翁的身份积极参与到旅游经营中外，大部分的牧民都是被动的参与其中。他们以被雇佣的服务人员身份挣取相应工资，被分配完成自己的本职工作，没有主人翁责任感，对环境、当地旅游发展、景区经营状况等问题也不甚关心，完全是“打工者”的身份。

**（三）参与方式单一**

就直接参与而言，绝大部分牧民仅以提供餐饮、拉马服务的方式参与当地旅游经营活动，在个别旅游区或牧民联营的景区可提供表演服务。需要说明的是，牧民直接参与的机会毕竟有限，很难使整个草原都参与其中。而针对间接参与来说，牧民参与并获益的途径和渠道也不明朗，这导致牧民表面上看只有通过为游客提供直接、简单的服务来参与当地草原旅游的发展环节，整体上表现出参与方式单一的局面。

## 三、草原社区融入草原旅游发展的现有模式

内蒙古发展草原旅游的时日已不短，在此过程中，草原旅游的经营方式也在不断调整、创新。刘丽梅、吕君曾经按照不同的经营机制将草原旅游经营的模式分为三类，即非牧户经营旅游发展模式、农牧户个体经营旅游发展模式和牧户联营旅游发展模式[①]。需要指出的是，牧民基本不参与当地旅游发展的情况也不在少数，主要是企业或外来个人通过向牧民租赁或承包草场，开发草原旅游区或接待点，雇佣当地牧民以外的人员作为服务人员或临时工，并外聘专业的演出团队提供草原文化表演服务。由于在该种情况下，牧民对当地旅游发展的参与为零，故不是本文探讨的重点。我们结合已有研究成果及调研结果，对现有的草原旅游社

---

① 刘丽梅，吕君．内蒙古社区参与草原旅游发展的调查与分析[J]．内蒙古师范大学学报（哲学社会科学版），2013（4）：135-139．

区参与经营的模式进行了进一步的细化，并根据牧民的参与情况归纳出了几种社区参与的模式。

**（一）牧民自主运营模式**

牧民凭借自家草场或通过租赁扩大草场范围，开展一系列旅游接待活动。该种模式规模有大有小，有实力的牧民个体将草场打造成度假村或景区，并雇佣部分当地牧民充当服务人员及提供拉马服务，部分地方旅游物资及食材的采购也源于当地牧民。还有的牧民以家庭为单位，依托自家草场开展牧家乐，规模较小，夫妻或联合其他家人为游客提供餐饮、拉马服务，基本上不具备带动其他牧民的效力。在这种模式下，除牧民自己经营的牧家乐以外，以服务人员身份被雇佣的牧民虽然表面上参与到了当地旅游经营中，但仍是一种被动、浅层次、消极的参与。

**（二）股份制模式**

股份制模式是近几年草原旅游发展经营模式的一项创新成果，即在外来投资方（或企业或个人）的组织下，当地牧民以草场或资金入股，在权力上享有景区的经营权。但事实上，是否真正参与到现实的旅游经营活动中，各地情况不尽相同。股份制模式的创新之处在于使当地旅游的发展与牧民切身相关，入股的牧民基本具有主人翁意识，在旅游经营过程中表现出主动的态度。但股份制模式目前尚不成熟，在利益分配、入股牧民具体的权责分配上存在不足，这是日后该模式应重点改进的地方。

**（三）牧民合作社模式**

牧民合作社也是近几年草原旅游社区参与发展的新成果，即多户牧民自愿组合，达成共识，将自家的草场、马匹、蒙古包、资金等筹措起来共同组建景区。有活一起干，利益一起分。由于在该种模式下，牧民完全以主人翁的身份开展旅游活动，故主动性较强，对于自己的事业参与度也很高。同时，对于游客而言，也能比较真实的接触及体验到牧民的生活。但该种模式也有其弊端，由于投资力度有限，往往在营销宣传、服务设施的改进等方面十分薄弱；同时缺乏专业策划或指导，虽然展示的是原生态的牧民和原生态的草原文化，但所提供的旅游产品档次不高，一般只能满足游客观光、食宿、骑马等基本需求，对于草原文化的演绎及游客的体验往往深度不够；且较缺乏对资源、环境及旅游经营等方面的管理意识。从长远看，并不具有持续的竞争力。

**(四)“企业+政府+牧民”模式**

该模式从形式上基本整合了各方优势，可以说是社区参与旅游发展特别是初级阶段的一种极好选择。在该模式下，政府是草原旅游发展的发起者和推动者，同时也是多方利益主体之间的调解者。企业拥有较强的资本实力与管理经验，有能力对草原旅游地进行科学的规划和开发。牧民是草原文化的载体，也是草原旅游发展之源泉，其作用至关重要。但事实上，就目前的发展状态，企业与政府的力量往往过于强大，牧民仍是这个关系中的弱势群体。他们在信息接收、参与方式、参与程度及利益保障等方面都处于被动及弱势的状态。可以说，该种模式对于各方权责关系的界定尚且不够合理，急需改进或进一步细化。

**(五)“企业+牧民”模式**

该模式也是目前草原旅游发展的一种较常见的模式。企业通过租赁或承包草场，或者是草原上经营农牧业的企业，开发草原旅游区，并雇佣当地部分牧民作为旅游接待的服务人员。在该模式下，企业和牧民的关系仍然是雇佣与被雇佣，谈不上合作共赢。牧民仍是弱势群体，参与程度也不高，基本是以谋生为前提的打工状态，对于草原旅游的发展前景及环境资源等问题不怎么关心。

**(六)“外来个体+牧民”模式**

这种模式的效果和运行方式与“企业+牧民”模式基本一样，不同点在于草原旅游的开发者是一些较有实力的个体。根据个人实力及旅游区的规模差异，能参与到旅游接待工作当中的牧民数量也不同。

总体而言，内蒙古草原旅游社区参与仍存在很多问题。无论是哪种模式下，社区参与率及参与程度都很低。值得强调的是，草原文化的核心与载体不在草场，而是生活在草场上的牧民，脱离了牧民及社区谈草原旅游终究是无本之木，是无法保证草原旅游持续发展的。

## 四、草原社区融入草原旅游发展不足的原因

在草原旅游地社区居民既是当地土地使用权的拥有者，又是当地文化活生生的载体，在旅游发展中起着关键作用。但就内蒙古草原旅游地社区参与的状况而言，虽然已凸显出多种模式，但社区参与不足则是各地的普遍现象和问题。除了政府、企业等强势主体对于社区的主体地位意识不够外，我们认为还有下边几方面深层原因。

### （一）社区参与平台或机会缺失

社区及牧民作为弱势群体，在参与草原旅游发展的过程中不具有主动权；且受见识、知识、资金等方面的限制，也不具有主动参与的能力。因此，需要外部为其参与当地旅游发展提供机会或平台，但事实上，各地尚未形成社区参与的平台，即社区参与草原旅游没有一定的合法途径，社区有话没处说，有想法没处表达。这也是一直制约社区融入当地旅游发展中的一大瓶颈。

### （二）内蒙古草原旅游产品结构不合理

纵观内蒙古草原旅游的发展历程，虽然旅游业的产业地位及游客接待量逐年提升，但一直处在追求量的飞跃的粗放型发展过程中。表现为草原旅游产品结构极其不合理，各地基本都是以观光产品为主打，看草原、看演出、住蒙古包、吃蒙餐、骑马，草原文化的体验往往仅限于此。虽然近几年各地也有意识的相继推出了休闲、度假类产品，但基本上名不副实。由于各地主打的是观光产品，故这样的草原旅游所依托的主要是草原，而非草原上生活的居民。可以说，其产品结构的低端直接限制了草原文化的深度，由此也决定了草原社区及牧民是一个可有可无的角色。

### （三）对草原文化的挖掘及演绎不够

草原旅游开展依托的是草原文化，而草原文化是草原牧区居民在草原环境下长期生活、生产形成的一系列与草原生态环境相适应的文化，包括草原居民的生

产方式、生活方式以及与之相适应的风俗习惯、社会制度、宗教信仰、价值观念、文学艺术等。目前各地的草原旅游开发仅展现了草原文化最浅层的物质文化，这种文化的展现并非只有牧民才能实现。对于草原文化深层次的体验项目落地性不强，直接限制了文化优势向产品优势的转化，减弱了牧民在草原旅游发展中的重要性，使牧民大多以服务员的身份出现在草原旅游区，限制了社区及牧民参与旅游发展的方式和渠道。

**（四）产业融合度低**

草原旅游的持续发展离不开畜牧业。一方面，畜牧业为当地旅游发展提供了原生态的旅游环境和景观背景；另一方面，畜牧业可为当地旅游接待提供原生态的农产品，是旅游业发展的“后勤保障中心”；同时，发展好草原社区赖以生存的畜牧业，才能为保护及发扬草原文化提供源源不断的动力。可以说，旅游业与畜牧业是互相补给、互相促进的，必须高度融合发展。但在内蒙古草原旅游业及畜牧业的发展中，二者融合度很低，旅游业的带动性及黏合效应并没有发挥。这直接限制了草原旅游业和畜牧业的高端化进程，难以成规模，产业都呈粗放式。其结果既制约了旅游业，又难以对畜牧业的壮大产生推动作用。也正是由于一、三产业没有高度融合，产业链条没有形成，牧民参与并受益于旅游业的渠道严重不畅。

**（五）草原环境具有特殊性**

草原的形成原因是土壤层薄或降水量少，只适合草本植物广泛生长。所以草原环境具有地域广、面积大、雷同性强等特点。草原作为草原旅游开展所依托的自然资源，在一定程度上并不具有稀缺性。草原上的蒙古族一般选择优秀草场作为生活基地，而大部分草原上并无人烟。目前草原旅游的开发往往选择的是没有或鲜有人烟的草场环境，再进行蒙古族元素的移植，很少直接在牧民社区的草原环境上进行旅游开发。这就造成牧民在草原旅游中长期处于可有可无的地位，也是造成社区参与不足的又一个原因。

## 第二节 草原旅游地创意旅游开发的社区融入要素与模式

草原文化根植并传承于草原民间，对其实施创意旅游开发需高度依赖本地社区居民、社区文化及社区生活的全面参与和渗透。因为真正能满足游客对旅游地文化内涵追求并有持续吸引力的，是根植于旅游地的原汁原味的文化[①]。目前在内蒙古草原旅游发展中，社区总体参与率并不高，而且企业带动参与也比较欠缺，个体经营举步维艰，联营模式有待成熟，社区参与层次总体较低[②]。草原文化具有明显的地方性和不可复制性，只有当地社区和居民融入和参与到草原旅游开发中，草原文化才能得到持续传承，创意旅游发展才会具有可持续性。社区融入路径具体来说应体现在文化、居民和生活三大方面。

### 一、草原社区融入要素

#### （一）草原社区文化融入

创意旅游具有文化属性，也具有强烈的文化依赖性。在创意旅游发展中，最具有吸引力的是融入社区生活、根植于当地的鲜活文化[③]。社区文化为创意旅游的发展提供了创意产生的背景和创意基因。它是草原社区传统习惯、社区环境、文化观念、社区精神等内容的综合体现，它与草原社区民众的生活融为一体，地方性和不可复制性明显。社区文化融入路径包括：第一，让游客全面体验草原社区的日常生活和民俗活动，例如参加那达慕大会和祭祀活动，参加“蒙儿三艺”比赛，以此融入本地文化氛围中；第二，为游客创造学习社区生产技术的机会，例如学习养马、驯马、放牧等技能，深入体验社区文化；第三，为游客创造学习并

[①] 尹贻梅，鲁明勇．民族地区旅游业与创意产业耦合发展研究——以张家界为例[J]．旅游学刊，2009，24（3）：45．

[②] 刘丽梅，吕君．内蒙古社区参与草原旅游发展的调查与分析[J]．内蒙古师范大学学报（哲学社会科学版），2013（4）：135-139．

[③] 刘春济，高静．论创意旅游发展及其需要处理的几对辩证关系[J]．北京第二外国语学院学报，2014（3）：3．

创意性设计旅游地居民生活用品的机会，例如学习制作摔跤服饰、弓箭、马靴、制作马奶酒等用品。

**（二）草原社区居民融入**

草原文化创意旅游离不开草原社区居民的支撑，他们是草原非物质文化的展现者和传承者。草原文化作为创意资源被用来进行创意旅游开发时，需要高度依赖本地人的创造力和本地独特的发展环境[①]。社区居民融入路径应包括以下几方面：第一，承担餐饮、住宿等接待工作，同时承担对游客的讲解或引导工作，这是必要的接待服务，也是创意旅游实施的后勤保障；第二，积极传承优秀的非物质文化遗产和技艺，能够将技艺传授给前来的游客，例如掌握并传授蒙古族的“男儿三艺”、制作草原食品的技能等；第三，对外来旅游者传播和发扬本地文化，例如传播草原居民对自然的崇拜信仰、敖包祭祀的习俗等传统草原非物质文化；第四，由于当地居民参与草原文化展示是最具有说服力的，所以草原非物质文化的展示离不开草原居民的融入和参与，其身上所代表的文化符号是外来演员无法替代的，这也是我国出现的“印象”系列实景演出产品取得成功的一个重要原因。

**（三）草原社区生活融入**

社区生活将社区文化和社区居民融为一体，社区居民可以通过真实的日常生活来诠释真实的社区文化。随着时代的演进，草原牧民的游牧生活方式已经几乎不复存在，而定居后的牧区生活受到外来文化的影响也在不断发生相应的变化，即文化涵化现象。涵化是指不管人们是否愿意，只要发生文化接触，社会文化就会发生变化的现象[②]。在草原文化的涵化过程中，优秀的草原非物质文化遗产得到了传承和发扬。而传统草原文化经过文化涵化之后，呈现出的真实文化只有通过社区生活得以印证。草原社区生活融入的融入路径体现在三方面：在草原非物质文化创意展示中，将一些社区生活元素做成创意景观或创意表演进行展示；在进行创意空间设计时，将草原牧区家庭或社区作为创意旅游空间，引导游客参与到

---

① 尹贻梅．创意旅游：文化旅游的可持续发展之路[J]．旅游学刊，2014，29（3）：9．

② 宋河有．文化保护视角下的旅游工艺品开发探究[J]．旅游论坛，2011，5（6）：103-106．

社区居民的生产生活场景中，体验真实的草原生活，例如参与到养马、牛、羊、骆驼和驯马、驯骆驼过程中；在专门的创意旅游活动中，通过当地非物质文化传承人传授民族文化技艺，例如传授奶酪、马奶酒、牛奶酒的制作工艺，使游客获得自身发展，并且可以有效避免游客产生“文化失真”的感觉。

## 二、草原社区融入模式的创新与探索

### （一）社区的主体地位应得到明确

草原旅游要想持续发展，社区及牧民的主体必须首先得到明确和认可。社区的主体地位主要表现在三个方面：第一，草原旅游的核心吸引力包括草原自然环境，以及生活在其中的蒙古族社区，缺少了任何一个都不能形成完整的草原文化。草原旅游之所以独具魅力的根本原因在于生动表现草原文化的社区及牧民。第二，社区真实存在与否及是否积极参与到当地旅游发展中，直接影响着旅游者的旅游体验。第三，社区及牧民是否参与决定着当地旅游业发展所能达到的水平和高度，也影响着草原旅游能否形成品牌。因此，草原旅游在开发开展的过程中，切不可将社区及牧民“拒之门外”

### （二）各地应结合自身情况，选择适当模式

对于草原旅游社区参与的问题不可一概而论，应综合当地草原旅游发展的状况与阶段、旅游区及接待点的类型、存在方式（市场依托型还是资源依托型）等多方面因素进行分析，形成结构多样、层次分明的多样化发展模式。应当指出的是，草原旅游开发的利益主体主要涉及社区、政府及企业，不同模式表现出了这三个利益主体的博弈关系。但客观地讲，在不同时期，三者的作用及力量可能各不相同，各地应充分结合自身情况选择合适的主导力量。

#### 1．政府主导模式

以政府为主导力量的发展模式适合于旅游发展初期或处于旅游发展初级阶段的社区。政府要出面进行招商引资，授权于合适的企业或个人进行当地旅游开发。同时，政府对于当地旅游的宣传推广、发展规划的编制、各方关系的协调与权益的保障以及相应政策的制定等方面都具有至关重要的作用。在内蒙古很多地方，

由于草原旅游尚处于初级阶段，政府的主导力量急需发挥。

2．公司主导模式

以公司为主导力量的发展模式适合于景区、社区一体化的情况，如草原社区；也适合于已在草原上发展规模化畜牧业、有机农业的企业，依托已形成的一产业背景组织当地牧民开展旅游业。景区由企业负责组织规划、经营管理与宣传营销，社区深度参与旅游开发，构成核心吸引力。但这种模式下也需要有旅游协会等中介组织发挥协调、监督作用，如由政府、企业、社区代表组成形成。

3．社区主导模式

社区主导模式可以说是牧民合作社的高级化形式，也是旅游发展到一定程度后的产物。以社区为主导力量的发展模式将社区参与的程度与级别发挥到了极致，适合草原旅游产品升级后深度体验类产品出现的阶段。这类深度体验区可能距离区域内的核心景区较远，但自成一体，以展示和体验原生态的草原文化为吸引力，能够吸引深度游游客。当然，该种模式最终也要进行企业化、市场化的运作，如牧户联合成立管理公司。而政府则应予以政策、技术等方面的鼓励与支持。

（三）积极倡导和建设草原旅游特色社区

目前大部分草原旅游区都是依托草场，在草场上点缀蒙古族元素，因此就造成了草原旅游具有很大程度的表演性和舞台性。事实上，草原旅游的发展应以草原社区为载体和依托，这应是草原旅游区开发和建设的核心，以此核心再向草原扩展。应积极倡导和建设草原旅游特色社区，如蒙古族非物质文化体验社区、蒙古族民俗体验社区、马文化体验社区等。草原旅游特色社区的建立既能生动的体现和演绎草原文化，又有利于游客深度体验，对社区环境、资源及民族文化的保护与振兴都有推动作用。

（四）稳步推动草原旅游产品体系完善和升级

从长远看，草原旅游的可持续发展不应以接待人数为衡量点和突破点，而恰恰应通过产品结构的调整和优化来提升草原旅游的档次。内蒙古应从全局出发，形成集草原观光、城郊草原休闲、草原文化深度体验及草原生态度假等多层次的产品体系。在不同产品体系下，社区及牧民的参与方式不同，但可保证社区参与率与参与程度都显著提高。

**（五）建立社区参与的平台和机制**

成熟并富有吸引力的草原旅游形式是游客可以深度体验牧民的生活、生产场景。因此，仅把牧民当作服务员的草原旅游从长远上看并不具有持续性。各地应着力建立社区参与当地旅游发展的平台和机制，如成立专门的旅游管理委员会，吸纳社区牧民代表，建立牧民表达需求及意愿的平台，从旅游规划、开发、经营、利益分配等环节尊重并听取社区意愿。并且合理引导牧民以草地、人力、资金、物资等形式入股，全面参与当地旅游的开发与经营，建立完善的利益分配机制。根据入股情况和贡献量享有相应回报，让牧民及社区真正成为草原旅游的主人。

**（六）延伸产业链，保障牧民多层次、不同程度的参与**

旅游业具有极强的带动性和黏合性。通过发展旅游业，可加强一、二、三产业间的融合，实现产业链的延伸。虽然草原旅游发展不可能使全范围或大范围的社区直接参与，但通过产业融合，可以创造更多的机会让牧民间接参与到草原旅游发展中，并且获益。如通过一、三产业的融合，让草原旅游区附近的社区提供草原旅游发展所需的原材料与物资；通过二、三产业融合，加强民间手工制造业和草原物质文化的保护与振兴。通过旅游业与文化产业的融合，可以加强草原非物质文化的保护与传承。只有牧民切实受益并不同程度的参与到草原旅游发展中，才有利于实现草原旅游可持续发展、民族文化保护与振兴、牧民社区质量提升、草原产业特色化与现代化等多方共赢。

**（七）加快牧业现代化、产业化步伐，推动草原旅游向高端化发展**

草原旅游的持续吸引力离不开畜牧业的保障。传统畜牧业以家庭为单位，以消耗资源为代价，不具有可持续性和规模化效应。因此，加快现代牧业发展的步伐，实现牧业产业化是内蒙古畜牧产业发展的必然之路。通过用现代物质条件装备草原畜牧业，用现代产业体系提升畜牧业，用现代经营形式推进畜牧业，用现代发展理念引领畜牧业，来提高草原牧业的机械化和信息化水平，提高畜牧业素质、效益和竞争力。只有草原畜牧业实现了产业化、现代化，才能实现规模化，才能为草原旅游发展提供不竭动力，才能延长产业链，为牧民参与并受益于旅游发展创造更多的机会。

## 第三节　草原旅游地创意旅游开发的社区融入机制与要求

### 一、草原旅游地创意旅游开发的社区融入机制

草原文化资源对草原旅游业发展的作用不仅大，而且是持久的[①]。非物质文化以口头或动作方式相传，最大的特点是不脱离草原居民特殊的生活生产方式，是草原居民个性、审美习惯的灵活显现。受草原文化的保护与传承、经济发展、社会进步、草原生态环境保护等多方面因素驱动，草原社区居民、家庭、所在社区或村落，乃至整个草原地区都会融入对草原非物质文化资源的创意旅游开发中，其具体形式则随着创意旅游开发阶段的不同而有所差异（如图 6-1 所示）。

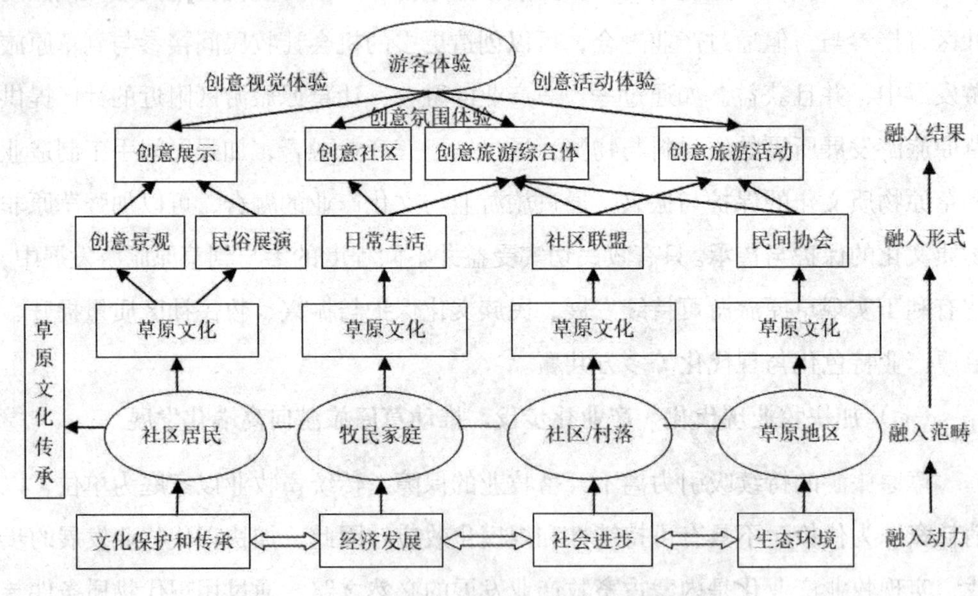


图 6-1　草原旅游地创意旅游开发的社区融入机制

① 艾琳，卢欣石. 草原旅游业中非物质文化遗产资源利用初探[J]. 草业科学，2009，26（9）：1-6.

草原社区居民是草原旅游地文化的主体和持有者，是草原非物质文化遗产的传承者，是社区融入草原旅游的首要因素。社区居民除了通过接待服务、环境保护和部分管理岗位来实现旅游参与、获得收入之外，还可以多方位展示地方文化、创造好客氛围、丰富游客体验[①]。他们在融入创意旅游过程中，首先体现在对非物质文化传承人的保护和培育上；其次他们还承担着展示本地文化的职能，通过创意景观、民俗表演等形式为游客创造文化元素的视觉体验；在创意旅游开发高级阶段，社区居民还是旅游者的创意引导者和配合者。对于不同类型的草原文化创意旅游产品层次，社区融入的程度和方式也应有所不同（见表 6-2）。

**表 6-2　草原文化创意旅游产品的社区融入差异表**

| 产品体系 | 社区参与方式及途径 |
| --- | --- |
| 草原文化观光类产品 | 服务接待、拉马、歌舞表演、牧家乐、物资提供等 |
| 草原休闲类产品 | 服务接待、拉马、歌舞表演、草原休闲活动组织、牧家乐、物资提供等 |
| 草原文化互动体验类产品 | 生活化服务、全方位参与、物资提供等 |
| 草原文化生态度假类产品 | 生活化服务、全方位参与、物资提供等 |

对草原社区家庭而言，其日常生活是真实的草原文化写照。草原民族文化离不开真实的社区生活来展现其内涵。社区是多个家庭的组合体，是文化体验产品的载体，是旅游体验的重要空间。利用有形遗产和无形文化来吸引游客，已成为社区发展的重要动力。通过家庭日常生活、社区生活乃至多个村落的生产生活，可以为游客创造一种文化氛围。将游客的活动融入社区生活中去，就形成了创意旅游社区或创意旅游综合体等创意空间。

真正的创意旅游活动开展，需要多个社区联合形成创意旅游综合体，形成大草原、大旅游氛围。创意旅游综合体是指在创意产业与旅游业融合的背景下，由文化创意产业吸引物和旅游六要素相结合形成的旅游产业模式，在此之中，每个人都能以不同方式将不同的旅游要素进行组合，产生新的创意体验[②]。在特定草原地域内，大家没有严格产业界限和地区边界，但在营销和组织管理等方面统一协

① 李庆雷，张丹宇．文化遗产地创意旅游产品开发研究[J]．三峡大学学报（人文社会科学版），2014，36（1）：39．

② 张玉蓉，张玉玲．创意经济背景下文化创意旅游综合体的发展路径研究——以重庆为例[J]．经济问题探索，2012（9）：85-88，190．

调，共同为草原文化保护与传承、经济与社会发展乃至环境保护服务，最终打破当前的社区被隔离的企业化经营模式。

## 二、草原旅游地创意旅游开发对草原社区的要求

### （一）必须保护和培养草原文化传承人

草原非物质文化是通过言传身教得以传承的，对非物质文化传承的过程来说，人显得尤为重要。目前，对非物质文化传承而言，重点抢救与保护有影响的传承人已形成了社会共识[①]。对于草原社区，草原文化传承人应得到足够的重视，同时应培养更多的新一代文化传承人，最终起到旅游对草原传统文化的保护作用，得到草原社区的拥护和支持。

### （二）必须培育草原旅游管理人才

草原居民是草原社区的主人，是草原旅游的受益者，也是草原旅游负面影响的受害者。所以，对社区居民的培育和人才挖掘是草原文化创意旅游可持续发展的基本保障。当前在内蒙古草原地区的企业化经营模式受到了草原社区广大居民不同程度的抵触和排斥，使内蒙古草原旅游的深层开发受到了重重阻碍，而牧民自发形成的牧户联营模式则得到了越来越多草原社区居民的认可。但需认识到，民间个体、联营等社区化、本地化管理模式面临最大的困难就是缺乏专业的旅游管理者。缺乏专业从业者的原因一方面是当前的草原旅游业无力吸引专业人才前来就业创业，另一方面草原社区居民不愿让自己子女回到草原工作。草原旅游管理人才的挖掘和培育需要分步走：首先挖掘和培养本地具有一定文化知识水平的人员参与到本地旅游开发中；在创意旅游取得一定收益和影响的情况下，通过政策优惠措施鼓励大学生到草原创业和就业。

## 三、草原旅游地创意旅游的社区融入前景

创意旅游是旅游业未来发展的潮流和趋势，将其引入到草原旅游开发中，有利于打破当前草原旅游的表面化和雷同化局面，是对草原旅游发展的有益探索和

① 孙丽坤. 少数民族地区非物质文化与旅游产业价值增值研究[J]. 大连民族学院学报，2013（6）：620-622.

尝试。文化要素是创意旅游的内核。草原社区是草原非物质文化创意旅游开发的前提和基础，是激发创意的文化根基。社区融入包括社区文化的渗透、社区居民的参与和社区生活的直接融入。对内蒙古草原社区而言，创意旅游开发尚未展开。要进行草原非物质文化创意旅游开发必然需要经过一个从初级到高级的逐步发展历程，即创意旅游开发水平的逐步升级。刚开始应注重创意展示产品的开发，在此基础上考虑创建创意空间，最后开展真正的创意旅游活动。草原社区在创意旅游产品开发的不同阶段也应有不同的融入水平。

在创意旅游开发初级阶段，旅游产品以创意展示为中心，主要开发一些草原实体创意景观，将非物质文化元素有形化展示，社区融入也应处于初级水平。主要体现在社区居民参与部分景观设计或一些本地文化节庆和表演活动，草原社区文化中的精华部分得到展示，而社区生活则是被完全隔离的。目前草原地区的文化节庆和舞台表演等草原文化旅游形式是这一阶段的基础。

在创意旅游开发中级阶段，旅游产品以创意展示为基础，主要着力打造创意空间，塑造创意氛围，将一些非物质文化元素渗透到特定空间之内，大部分社区元素得到了融入。主要体现在社区居民不但参与创意景观设计、本地文化节庆和表演活动，而且参与到与旅游者互动的活动中。草原社区文化的精华得到了展示，而社区生活则可能被隔离或融入其中。这一阶段在城市中以创意产业园为其代表形式，在草原地区，特定主题下的草原文化创意旅游村可能是未来的理想选择。

在创意旅游高级阶段，创意旅游活动是无明显地域边界的，旅游活动的随意性和灵活性较大。在草原地区打造多个村落联合的创意旅游综合体可能是未来的一种选择。在这个阶段，社区即景区，一切以游客为中心，根据游客的创意需求，每个居民都是旅游接待者，社区生活和旅游接待融为一体，社区完全融入旅游活动中。当然，现在来看，这种方式还不切实际，其实现还有待时日。

草原旅游的持续发展与高端化离不开社区的深入参与，必须建立完善的社区参与相关平台与机制。完善现有参与模式，加强社区及牧民的参与程度，多样化牧民的参与方式，并建立合理的社区参与利益分配机制，保障牧民利益。通过有条件的牧区发展旅游业，通过让牧民全方位参与旅游业并共享其利益，带动牧区及牧民脱贫；通过社区参与旅游业，弘扬并振兴草原传统文化，实现草原地区旅游发展、社区发展、草原文化保护与传承的良性互动和多方共赢。受经济、社会、文化和环保等多重因素驱动，草原社区居民、家庭乃至整个村落都可能参与到创意旅游开发中。而保护和培养非物质文化传承人、培育草原社区旅游管理人才是创意旅游开发的关键所在。由于草原社区居民存在知识、管理经验等方面的不足，创意旅游的开展和实施首先需要政府的推动和引导。否则，创意旅游在草原旅游中的应用将遥不可及。

## 第四节　草原旅游地创意旅游开发的社区利益保障机制

### 一、社区利益保障的重要性

草原旅游地社区作为草原地区旅游业发展的载体，是草原地区经济、社会发展的重要突破点。其中，草原社区居民既是草原的主人，也是草原文化的承载者和传承人，是草原地区发展旅游业所要依托的关键。草原社区居民对于发展草原旅游业的态度和参与度直接关系着草原旅游地创意旅游的发展。引导农牧民积极地参与到草原旅游业中去，这取决于能否建立一个有效保障农牧民利益的机制。目前，内蒙古草原旅游地的旅游业发展在利益分配上还存在着一些问题，若农牧民的利益分配机制没有理顺，这将直接制约着草原旅游地文化创意旅游的可持续发展。

### 二、当前草原旅游发展中存在的利益分配问题

近年，内蒙古的草原旅游业已经成为带动当地经济发展的一个重要环节。很多草原旅游地都在积极主打草原生态旅游和草原传统特色文化旅游品牌，旅游业的发展定位在生态观光和民俗体验旅游上。但是在发展草原旅游的同时，草原旅游地也面临着很多问题，其中最为显著的一个问题就是草原农牧民在旅游业中的受益问题，也就是村民的利益保障问题，具体表现在以下几个方面[①]。

① 张冠群．民族地区旅游发展中村民的利益保障机制研究——以内蒙古克什克腾旗为例[J]．中国市场，2013（16）：68．

### （一）草原农（牧）民从旅游业中受益的差异较大

在草原旅游地很多旗县地区，农牧民的人均收入水平都远低于全国农民人均收入水平。可以说，如何解决草原旅游地农牧民持续增收是一个当务之急的问题。在一些成形的景区和周边的农牧民通过创办“农家乐”“牧家乐”“林家乐”“渔家乐”等特色民俗体验和餐饮服务，还有更多的农牧民利用农闲时间季节性从事牵马、摔跤等旅游服务项目，每年收入从几千元到几万元不等，收入水平较从前、较未参与旅游业的农牧民都有了明显提高。可见，小部分农牧民能从旅游业中获取较可观的收益。但对没有直接参与旅游业的农牧民来说，旅游业发展所带来的利益和机会并未对他们产生任何影响。他们依旧从事着传统的农业生产，并且以农业种植或者放牧作为其主要的收入来源，其中也不乏出去务工的村民。这样，这部分村民的收入和直接从事旅游业的村民存在着明显的差距。

### （二）农（牧）民获取旅游收益的途径单一

草原旅游地农牧民参与旅游业的形式主要是为游客提供直接性的食、宿，还有一些简单的购物，业态相对简单，基本是依靠直接参与旅游接待而获得。但直接参与接待的农牧民数量又不能过多，这样就造成了其他农牧民无法从旅游业中获益的现实。因此，农牧民的经济收入水平和他们对旅游业的态度各不相同，甚至形成了明显的分化，而造成这种分化的根源就在于草原旅游发展中对农牧民的利益保障机制不够完善。

## 三、草原旅游地创意旅游开发中的社区利益保障机制

在草原旅游发展中，农牧民的利益必须得到有力保障。在草原旅游地创意旅游开发进程中，整个社区环境、自然生态环境以及人和人的生活氛围、场景都是开展旅游业所要依托的重要资源。在旅游业运行过程中，旅游业发展需要当地农牧民全民参与。而且在草原文化创意旅游活动形式中，由于人是文化载体，所以当地居民是最大的卖方，或者说是投资方，他们卖的就是祖祖辈辈积淀形成的特色文化，因此他们理应成为旅游开发中最大的受益者。基于此，草原旅游地必须建立合理的利益保障机制，保证直接参与和间接参与的村民都能从旅游业发展中

受益。具体来说，草原旅游地创意旅游开发中要保障当地农牧民的利益，需从以下几方面入手。

**（一）规划布局好线路及业态，合理引导农牧民直接参与旅游业**

草原旅游地的旅游线路和业态很重要，旅游线路直接带动着草原旅游的发展和农牧民对旅游业的参与。而业态的布局则引导着游客在草原社区中的消费行为以及农牧民直接参与旅游业的方式。草原旅游地创意旅游产品主要是草原风光及民俗风情为主。但就草原风光游和民俗风情游旅游产品、线路来说，各地雷同性较大，独特性挖掘尚浅，大多产品还处于比较低级的观光旅游产品，效益低，带动性小。目前的草原旅游业态主要以“农家乐”“牧家乐”“渔家乐”等形式布局在成形景区及周边，主要解决游客在吃饭、住宿和购物方面的需求。而很多生态、文化保存完好的地区尚处于旅游业的空白地带，基本不具备什么业态，只有少数具有旅游住宿接待功能，满足少量自助游客的需求。在旅游规划与布局的同时，可以选择一些生态环境及人文特色突出的社区，适当布局一些业态和项目，引导游客进入，并将这些社区本身作为游客可以比较深入体验并融入少数民族生活的区域，甚至可以发展农牧区特色度假，并通过线路将其连接，这样就通过局部带动了整体，旅游产品体系也得到了丰富，从而盘活草原旅游业，可以让更多农牧民直接受益。

**（二）融合第一、三产业，延伸产业链**

草原旅游地第一产业和第三产业联系十分紧密，二者同等重要。农牧业的发展一方面可以满足人们对乡村牧区景观环境的审美需求，另一方面也可为游客及城市地区供应生态、特色的农牧产品，特别是草原地区农产品生态性好，在这个追求绿色、生态的社会有着良好的市场基础。而且全国各地的农业都在实现集约化发展，农业的规模效应、农牧民的身份转换优势将表现得更加突出，农牧民将不再是单纯的“自给自足”，借助旅游业，农产品的附加值将得到很大程度的提升，这将直接反馈在农牧民的利益上。而且近几年国家政府及政策对农业特别是家庭农场的模式计划试行，着力构建集约化、专业化、组织化、社会化相结合的新型农业经营体系，这为依靠第一产业为支柱的草原旅游地实现集约化生产带来机遇。同时，由农牧产品生产而引起的农（牧）产品加工、销售等环节将使农牧业的产业链得到更好的延伸，农牧民也将从中获取更高的回报。将专业化、集约化的第一产业作为基础，通过旅游业提升其产业价值，可以对第一产业农产品形成“原料生产—设计—加工—（再加工）—销售”的一整条价值链，从而增加农牧产品的附加价值，让更多草原社区农牧民在草原旅游发展中受益。

**（三）建立有效的农业补偿机制，鼓励农牧民积极从事第一产业**

草原旅游地除了要有绚丽的草原文化以外，草原社区村落生态和景观也是十分重要的旅游吸引要素，它构成了草原旅游地景观大背景和农牧民生活环境。因此，草原旅游地农牧民在发展旅游业的过程中非但不能放弃第一产业，而且要积极从事第一产业。所以对于他们的利益，也必须予以保障。为了提高农牧民从事农牧业的积极性和参与草原旅游业的热情，必须建立有效的农牧业补偿机制，即对仍然从事第一产业的农牧民给予一定的农业经济补偿，特别是一些不能直接从事旅游业但又为当地草原旅游的开展奠定背景和氛围的农牧民。这样，他们的收入一部分来源于农牧业生产，另一部分则来源于旅游业发展创造的农牧业补偿。这样一方面保证了草原旅游地原生景观的维持，另一方面也保障了草原农牧民的经济收益，有利于实现草原旅游地文化创意旅游的可持续吸引力。

**（四）保护与开发有效结合，实现开发商与政府和农牧民利益最大化**

草原旅游地进行旅游开发的目的之一在于使草原文化得到更好的传承和保护。就目前的观光市场而言，草原旅游地每年接待的游客量日趋增加。面对旅游者日趋成熟的度假需求，草原旅游地如何处理好保护与开发的关系是一个急需解决的问题，而解决这一问题的关键在于每个具体的旅游接待地应有一个正确的定位。目前，草原旅游产品以观光为主，有了浅层次的草原文化旅游产品，产品类型还比较单一，开发层次也比较低。很多旅游资源条件优厚的地区尚未介入到旅游业中，因此可开发的空间较大。针对目前已开发的草原旅游景区来说，发展已接近成熟，过度开发则不利于社区、村民的长远利益。可以说，旅游业发展之初，很多草原旅游地的产品定位为观光旅游是比较合理的。在未来的草原文化创意旅游发展中，则可凭借其已形成的品牌效应及已有知名度的景区，在成熟景区继续做民族文化观光旅游，而在景点周边各节点做休闲度假和较高端的深度旅游，通过引进投资商，布局较高端的休闲度假产业，并形成完整的休闲度假产业链。这样，一方面迎合了市场对度假及高端化产品的需求，形成了集观光、休闲度假为一体的大片区；另一方面，借助广袤的草原风光和民俗风情的品牌效应，构成大本营式的度假地旅游发展格局也将使草原旅游地的民族文化能够得到较好的保护。而且，这种模式的发展更有利于实现多方利益的最大化，投资商、政府都将通过旅游业发展从中获益，而草原旅游地农牧民也将通过直接参与旅游业或者配合构建度假地氛围进行间接参与旅游业，从而获得相应的利益或者相应的补偿。

# 第七章　草原旅游地创意旅游的主题化开发

## 第一节　创意旅游与主题旅游的融合

### 一、创意旅游与主题旅游融合研究的背景

创意旅游最早由皮尔斯和布特勒（Pearce，Butler）在 1993 年提出，当时认为是一种有潜力的旅游形式。2000 年，格雷·理查德（Grey Richards）和克里斯宾·雷蒙德（Crispin Raymond）将其作为学术概念正式提出。基本含义是使旅游者通过亲身参与旅游地文化和技能的学习，从中产生创新灵感，并进一步激发创意潜能，最终对旅游地文化形成深刻体验的一种旅游形式。之后，此概念很快引起了全世界范围内旅游实践界和理论界的高度关注。创意旅游实践快速在多个国家和地区展开，理论研究也迅速升温[①]。

主题旅游则是指围绕特定主题展开的系列旅游活动，关注点在于活动内容，形式可以多样化。自沃尔特·迪斯尼 1955 年在美国西部城市洛杉矶建成世界上第一个大型主题公园——迪士尼乐园以后，“主题”一词就开始越来越频繁地出现在休闲娱乐业中[②]。在休闲与旅游业，围绕“主题”展开的活动或产品开发越来越多。尤其是近 30 年，围绕主题旅游展开的研究与实践迅速增多。21 世纪以来，小至景区，大到城市、地区乃至国家，都呈现出一定程度的旅游主题化发展倾向。微观层面，主题公园、主题景区、主题街区等主题产品不胜枚举；中观层面，各地旅游城市都纷纷设计自己的旅游主题口号，并打造相应的产品与之呼应，例如有的城市以浪漫之都、购物天堂、会展之都等称号闻名世界；国家层面，中国从 1992 年开始不断推出以不同特色风情为主旋律的旅游主题，新加坡则以“花园城市”的美誉而世界闻名。这些事实说明，旅游地主题化发展已成为旅游发展的趋势，主题旅游从景区、街区、到乡村、城市乃至国家，都有一定程度的表现。

---

① 赵玉宗，潘永涛，范英杰，等．创意转向与创意旅游[J]．旅游学刊，2010，25（3）：69-76．
② 宋河有．城市旅游主题化发展的动态变化分析[J]．现代城市研究，2015（2）：94-98．

当前，创意旅游和主题旅游这一对学术概念都是旅游研究与实践中的热点问题和旅游实践中的发展潮流，它们反映了旅游业发展的基本趋势[①]。在理论层面，这两者似乎是毫不相关的两种旅游形式或开发理念，但在具体实践中针对特定旅游地文化资源进行开发利用时，又常常表现出紧密结合的态势。尤其是对民族文化资源的深化利用，创意旅游和主题旅游理念共同推动着民族旅游开发水平的提升。

从以往研究文献看，围绕创意旅游和主题旅游融合问题展开的专门研究并不多见。在创意旅游相关研究中，国内学者厉无畏针对上海的创意旅游开发提出秀“主题链”的思路[②]。在主题旅游相关研究中，很多学者曾提出主题选择应注重独特性和创意性，例如陈实指出，为使旅游者获得最佳旅游体验效果，旅游景区应突出体验主题，而主题选择的关键在于是否有创意[③]。宋河有针对创意旅游与主题旅游的融合问题做了初步分析，认为两者融合是可行的[④]。综合来看，以往相关研究渗透或提出了创意旅游与主题旅游相融合的理念，但并没有从理论层面做专门探讨，更没有指出两者融合的实现路径。那么剖析两者之间存在的内在关联，并分析将其结合起来融为一体的可能性与融合方式，不仅是对两大理论的补充和完善，而且对旅游发展实践具有重要指导意义。这里将着重探讨两者融合的可行性、发生动因及实现路径，以期为更多旅游开发实践提供参考。

## 二、创意旅游与主题旅游的概念厘清

### （一）创意旅游与创意旅游活动

自 2000 年理查德和雷蒙德提出创意旅游学术概念后，随着人们认知的逐步深化，产生了两种认知视角，即“以游客关照为中心”和“以产业发展为中心”。国外学者和相关国际机构以“游客关照”为视角，都曾对创意旅游进行界定，虽

① 宋河有．创意旅游与主题旅游：内涵、关系及融合[J]．湖南商学院学报，2014（5）：80-83.

② 厉无畏，王慧敏，孙洁．创意旅游：旅游产业发展模式的革新[J]．旅游科学，2007，21（6）：1-5.

厉无畏，王慧敏，孙洁．论创意旅游——兼谈上海都市旅游的创新发展思路[J]．经济管理，2008（1）：70-74.

③ 陈实．旅游管理前沿专题[M]．北京：中国经济出版社，2013：305-308.

④ 宋河有．创意旅游与主题旅游：内涵、关系及融合[J]．湖南商学院学报，2014（5）：80-83.

宋河有．创意旅游与主题旅游的融合：动因与实现路径——以草原旅游目的地马文化主题创意旅游开发为例[J]．地理与地理信息科学，2018（5）：119-124.

然文字表述有所差异，但都倾向于把创意旅游看作一种旅游形式，强调游客的“活动参与”“自我发展”和“学习体验等内涵。国内学者的界定有两种方式，一是从产业视角的界定，二是与国外类似的产品化界定。研究初始阶段，以厉无畏、冯学钢为代表的“产业化”界定方式占主导，认为创意旅游是对创意产业的延伸，于是出现了“旅游创意产业”“文化创意旅游产业”等概念和称谓。但近年国内越来越多的学者开始倾向于认为“创意旅游不仅是对创意产业的延伸和运用，而且也是一种旅游产品形式”。

从对创意旅游概念界定的宽泛程度看，不难发现有“宽泛性理解和狭义性理解”。从产业视角的界定正是一种宽泛性理解，而从游客关照视角的界定则属于狭义界定。理查德和威尔逊（2005）的研究显示，这两种界定是存在一定联系的。他们提出从旅游需求和供给视角看，创意旅游有三种发展形势，即创意展示（creative spectacles）、创意空间（creative spaces）、创意旅游活动（creative tourism）①。2011年理查德进一步明确指出创意旅游远远不止是创意学习活动这一种形式（如图7-1 所示）②，并且从创意展示到创意空间和创意学习活动，“创意”本身发生了从“作为背景”到“作为活动”的转变，主客参与和互动程度也在逐级加深。可见，虽然国外学者在概念界定上倾向于以游客关照为中心的“狭义性理解”，但同时也认为创意景观展示和创意空间是创意旅游产品的初级和中级形态，而创意学习活动则是创意旅游产品的高级形态。

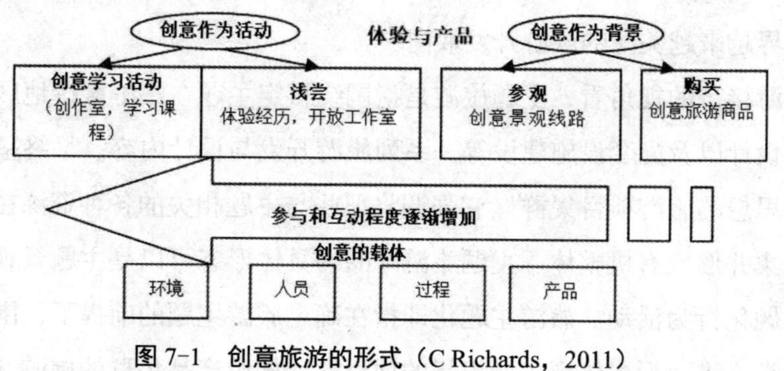


图 7-1　创意旅游的形式（C Richards，2011）

① Richards G，Wilson J. Developing creativity in tourist experiences：A solution to the serial reproduction of culture？[J]. Tourism Management，2005，27（6）：1209-1223.
② Richards G. Creativity and tourism [J]. Annals of Tourism Research，2011，38（4）：1225-1253.

综合以往研究，创意旅游可分为狭义和广义两种界定。狭义上是指引导游客参与旅游地文化活动或技能学习、与目的地居民互动，以此激发游客创意潜能并获得对旅游地文化深刻体验的一种旅游形式或产品形式；广义上是指让游客获得对旅游地文化深刻体验而实施的所有创意化设计。创意旅游的三种发展形势可理解为三类产品形态，从旅游开发水平看，三者之间具有逐层升级递进的关系。所以可将其视作三种不同开发水平层次产生的产品形态，即初级产品——创意景观展示，中级产品——创意空间与氛围，高级产品——创意学习活动。狭义上的创意旅游其实就是广义创意旅游的高级产品形态。而所有运用创意思维实施旅游活动的现象都可视为广义创意旅游范畴。

**（二）主题旅游与主题旅游活动**

伴随着国内外主题公园的兴起，主题公园研究随之发展，有不少学者将研究视野扩展至主题旅游方面，产生了关于主题景区、主题街区、主题旅游规划、旅游主题化等一系列研究成果。“主题”一词对应于英文“theme”，有暗含或反复出现核心思想之意。随着旅游业的飞速发展，旅游者的需求日趋个性化和主题化。旅游者不再满足于传统的大众旅游活动，而是寻求一种有主题的、深层次的体验，以期得到个性释放，精神超越。在当前旅游实践中，相互模仿、雷同化建设、主题不明的情况时有发生。指导旅游发展的旅游规划也是千篇一律、面面俱到、缺少针对性。由此，需要一种新的理念和思路指导旅游业发展，所以主题旅游成为旅游实践界越来越关注的旅游开发取向。

从旅游接待的视角看，主题旅游是指围绕特定主题在旅游接待地展开的包括主题产品设计以及配套设施建设等一系列旅游开发与设计内容，最终呈现的是能体现主题思想的旅游项目集群[①]。它强调将那些与主题相关的各种资源在有限空间内高度聚集并形成有机整体。主题旅游产品的具体形态可以是主题景观展示，也可以是主题化行为活动。旅游主题化即指在确定旅游主题的前提下，围绕主题展开相关建设，进而形成体现主题思想的项目群或旅游产品集群的旅游开发过程。

① 宋河有．城市旅游主题化发展的动态变化分析[J]．现代城市研究，2015（2）：94-98．

这是一种旅游开发理念，具体体现于一系列主题旅游产品的出现。

从旅游者视角看，主题旅游是指围绕特定中心思想展开的一系列旅游活动。随着人们个性化思维的多元化呈现，主题旅游活动项目也日新月异，例如红色旅游、黑色旅游、民族村寨游等都成为近年的文化旅游主题产品。不难看出，主题旅游就是围绕既定主题思想展开的一系列旅游要素呈现。而游客投入其中的一系列旅游活动行为即为主题旅游活动。简单来说，主题旅游就是在既定主题下，围绕该主题展开的一系列旅游活动。

## 三、创意旅游与主题旅游融合的可行性

### （一）两者的对立性

从创意旅游和主题旅游的内涵上看，两者似乎在一定程度上存在难以兼容的特征。例如创意旅游倡导以游客为主导，并倡导活动自由化活动。创意旅游产品分为三个层次水平，即创意展示、创意空间和创意旅游活动。在初级层次，创意旅游表现为创意设计展示，而处于中、高级产品以游客的主观创意灵感为主导，尤其注重和强调旅游者的主观创意，旅游活动的具体形式具有很大的灵活性和不确定性，内容则具有不可重复性。这一点在国内外学界已达成共识。例如国外的理查德和威尔逊（2006）认为创意空间的关键在于非主题化[①]，国内的周钧和冯学刚（2008）认为创意空间能够充分发挥旅游者主观能动性，实现思维自由，已经主题化的旅游环境对创意旅游来说是无效环境[②]。高静、刘春济（2010）认为创意空间的非主题化特征突出，非主题化使游客思维不受框限，可以个体化解读其所处空间的创意氛围[③]。他们都指出在“创意空间”中发挥旅游者的创意思维是最重要的，这也必然是不受约束的非主题化空间。

主题旅游以旅游地为主导，并强调活动主题化。主题旅游在规划设计时在内

---

① Grey Richards，Wilson J. Developing creativity in tourist experiences：A solution to the serial reproduction of culture？ [J]. Tourism Management，2006（6）：1209-1223.

② 周钧，冯学刚. 创意旅游及其特征研究[J]. 桂林旅游高等专科学校学报，2OO8（3）：394-397，401.

③ 高静，刘春济. 论创意旅游——兼谈上海都市旅游的提升战略[J]. 旅游科学，2010（3）：12-19，38.

容上注重对一系列相关旅游元素的主题化设计，是围绕特定主题在特定空间内展开的包括主题产品设计与开发以及配套设施建设在内的一系列活动，在旅游活动过程中围绕主题展开，时刻体现中心思想。它侧重旅游地的规划和设计，依赖于旅游接待方的规划设计，以旅游供给者为中心，内容具有可重复性①。从旅游生产视角看，创意旅游和主题旅游在“是否程式化、是否具有重复性”等方面表现出了一定程度的不可兼容性。创意旅游的非主题化和不可重复性与主题旅游的主题化和重复生产是截然对立的。

**（二）两者的统一性与融合可行性**

在严格内涵上，创意旅游与主题旅游格格不入，矛盾与对立性明显。但二者是否绝对不能兼容呢？然而仔细审视现实中的旅游实践可发现，无论是初级形态的创意展示，还是中级形态的创意空间，甚至高级层次的创意活动，其实都是旅游接待地东道主一方的主题化设计和安排。例如文化创意产业园也常常是主题化的设计，故此周钧、冯学刚（2008）认为创意产业园区并不是创意空间的全部②。

深入观察和剖析可知，创意旅游和主题旅游在某种程度上存在一定的共同性，两者是存在融合可能性的，并且在实践中也是很有必要的。从旅游开发层面看，创意旅游需要渗透主客双方的创意思维，需要引导游客主动参与到本地文化产品的创造与设计中来。但任何创意活动的开展都是需要设定活动主题的，因为只有令人瞩目和兴奋的体验主题才可能赢得游客的青睐。这就说明，创意旅游开发也需要提前确立主题思想，只不过主题活动的范畴相对广阔，也不应有太多的具体化约束。国内已有学者提出创意旅游开发应注重主题化设计，如厉无畏认为上海应以主题产品“秀”的形式演绎上海城市生活，并提出通过故事、节庆、活动和生活等方式世博主题链、节庆主题链、活动主题链等思路③。所以不难发现，创意

---

① 宋河有．创意旅游与主题旅游：内涵、关系及融合[J]．湖南商学院学报，2014（5）：80-83．

② 周钧，冯学刚．创意旅游及其特征研究[J]．桂林旅游高等专科学校学报，2008（3）：396．

③ 厉无畏，王慧敏，孙洁．创意旅游：旅游产业发展模式的革新[J]．旅游科学，2007，21（6）：1-5．

厉无畏，王慧敏，孙洁．论创意旅游——兼谈上海都市旅游的创新发展思路[J]．经济管理，2008（1）：70-74．

旅游往往是围绕特定文化主题展开的，也可以说是主题旅游的表现形式之一。反过来，主题旅游开发也是时刻需要融入创意思维的，没有新意、没有创意的旅游主题也不会对消费者有吸引力。

## 四、创意旅游与主题旅游融合的发生动因

### （一）旅游接待地供给视角：提供独特旅游体验

从旅游接待地供给视角看，创意旅游和主题旅游可以理解为两种旅游开发理念或旅游产品形式。对旅游地而言，只有为游客提供独特深刻的旅游体验，才可能获取持续不断的客源以及经济与社会效益。为了创造独特的旅游体验情境，旅游地可根据自身资源情况通过不同主题来展现。以主题化的旅游产品形式呈现给游客，很容易给其留下个性鲜明的旅游印象。在主题化旅游活动中渗透创意思维，初级水平层次是呈现东道主设计的创意产品展示，而中级、高级水平层次则是激发游客在参与旅游活动过程中转变为旅游产品的生产者，由此使游客感受到经历非凡、体验深刻乃至终生难忘。可见，为了给游客创造独特而深刻的旅游体验经历，通过“主题化”和“创意化”两种手段来实现，这是旅游接待地的理想选择。

### （二）游客的旅游需求视角：获取深刻体验经历

从旅游需求视角看，创意旅游和主题旅游都有助于为游客获得深刻的旅游体验经历。随着生活水平的普遍提升，“旅游”对越来越多的人已不再是奢侈品，而几乎成为人们日常生活中的必需品。在这个几乎全民旅游的时代，越来越多的旅游者更加向往那些能为自己带来深刻身心体验、体现自身消费品位、能彰显个性的旅游吸引物。在体验经济时代，也只有那些有创意的旅游策划地才更能吸引这些潜在旅游者的眼球并激发其强烈的旅游动机呢。创意本身就有创造、创作之意，是对传统思维、常规思维的叛逆。从心理学视角看，好奇心（追新猎奇）是人类的本能，只不过由于每个人自身条件不同，满足其好奇心的驱动力强度各有差异。在创意旅游地，无论是旅游接待方的创意设计，还是游客创意思维的激发与展现，无论创意设计和生产的具体结果是什么，它对游客来说都是意义非凡的旅游体验经历。而当旅游接待方提供不同主题的创意旅游策划时，就为旅游者提供了体验

不同内容、感受不同主题氛围和情景的选择。

**（三）旅游产品经营视角：最大化满足主客双方需要**

从旅游产品视角看，创意旅游和主题旅游是两种越来越受欢迎的活动形式和内容。作为一项旅游产品，其基本功能就是为游客带来愉悦的旅游体验，为东道主带来相应的旅游收益。而主客双方的收益能否最大化，这就取决于旅游产品的设计水平。对于游客，主题化的创意活动体验，不仅能使其长期牢记创意潜能被激发的身心刺激，而且能使其围绕主题记住创意活动的一系列内容，形成深刻难忘而有主题的旅游体验记忆。对于接待方，越能给游客带来深刻体验的旅游产品越具有更高的附加价值，也更能为其带来更大收益。主题化的创意旅游充分利用了旅游接待方的创意思维，并力图激发游客的创意思维，着力实现主客创意思维的融合与互动。这对旅游地而言，自然可以起到吸引游客长期停留或多次重游的可持续吸引效果。对游客而言，可以获取独特体验经历并能彰显个性的旅游地也必将是其最佳选择。所以主题化的创意旅游设计能有效满足主客双方的利益需求，也是旅游开发水平的提升表现。

## 五、创意旅游与主题旅游融合的实现路径

创意旅游作为一种新型旅游形式，以文化为基础，是对文化旅游的升级和深化，所以国内很多学者称之为文化创意旅游。从国内外旅游实践看，无论是在城市中还是在乡村地区或民族区域，所开发的创意旅游产品都是以特定文化背景为依托的。例如新西兰的创意旅游项目为游客提供骨雕、木雕及烹饪等系列学习项目，加拿大的“野郊之美”项目包含了雕塑、雕刻、绘画等激发游客创意灵感的活动[①]，还有厉无畏对上海提出的“秀出主题链”思路，这从本质上看都是以一定文化背景为依托的。随着人们生活与思维的丰富化和多样化，旅游接待方在进行主题旅游开发时可选择的主题也日益多样化。从主题公园、主题景区到主题街区、主题社区和主题村寨，从红色旅游、黑色旅游到拓展旅游和探险旅游，很多新型的主题旅游项目常被称为专项旅游项目得以呈现。民族地区围绕本地文化展开的

[①] 周钧，冯学刚. 创意旅游及其特征研究[J]. 桂林旅游高等专科学校学报[J]. 2008(3): 394-397.

民族村寨游、民族风情游也常常是文化旅游的主题化设计。可见，主题旅游不仅仅是围绕特定主题呈现一系列旅游元素，而且选择的主题也需要一定的文化元素做支撑。

创意旅游以文化为根本，而主题旅游却对主题的选择没有限定，所以创意旅游与主题旅游的融合路径必然只能是围绕某一特定主题展开的创意旅游，主题的选择只能是针对某一特定文化元素群展开的。需指出的是，特定文化元素群既可以是开发地的本地文化，也可以是外来文化。在针对某一特定旅游地进行旅游开发时，为了充分展现该地域独特文化，让旅游者对其文化氛围获得深度体验，此时将创意旅游与主题旅游相融合，融合的实现路径就必然是特定地域文化主题的创意旅游设计。当然，地域文化主题创意旅游开发必须考虑当地的“地脉”和“文脉”。当选择的文化主题没有地域性限制，而是以“文化元素移植”或“历史文化再现”等方式呈现时，两者融合的实现路径也同样可以是围绕该文化主题展开的一系列创意旅游设计。

## 第二节　草原旅游地文化主题创意旅游开发实践设计：以马文化为例

从前文可知，创意旅游与主题旅游的融合应以特定文化主题创意旅游为实现路径。内蒙古草原文化不仅包含实体文化，还包括生活在草原上的民族所传承的非物质文化。马作为蒙古民族常说的五畜之一，与蒙古族的历史和生活紧密相连，蕴含着丰富的文化内涵。古代战场上的蒙古马闻名于全世界，从古至今传承了 800 多年的蒙古族那达慕大会中也一直没有离开“马”的身影。骑马作为蒙古族的“男儿三艺”之一至今仍盛传于草原地区。此外，蒙古族还被誉为“马背上的民族”。养马、育马、骑马、驯马、马术、马产品制作等非物质文化已经成为典型的草原文化元素。围绕马文化进行主题化创意旅游开发，具有强大的民族文化生命根基。以内蒙古草原文化旅游为背景，以马文化资源为关注的焦点，下文尝试提出马文化主题创意旅游开发的设计思路。

## 一、马文化主题创意旅游产品设计

如前文所述，创意旅游的三种发展形势（创意展示、创意空间和创意活动）可以理解为三大类创意旅游产品形态。从创意旅游开发水平看，它们分别代表了初级、中级和高级三个水平层次。初级产品是基础，中级产品是提升，高级产品是升华。在现实的旅游开发实践中，往往是先有初级产品，进而产生中级产品，发展的最终结果是三个层次的旅游产品在同一旅游地呈现。从21世纪初我国兴起的以“印象系列”为代表的创意展示，到多个城市出现的创意产业园以及如今为数不多的创意学习体验活动，从这些创意旅游实践历程就可以看出，中、高级产品并不是对初级产品的完全否定，而是在其基础上的升级。基于此，马文化主题创意旅游产品开发也可以围绕这三种产品形态分阶段分层级逐步展开（如7-2所示）。

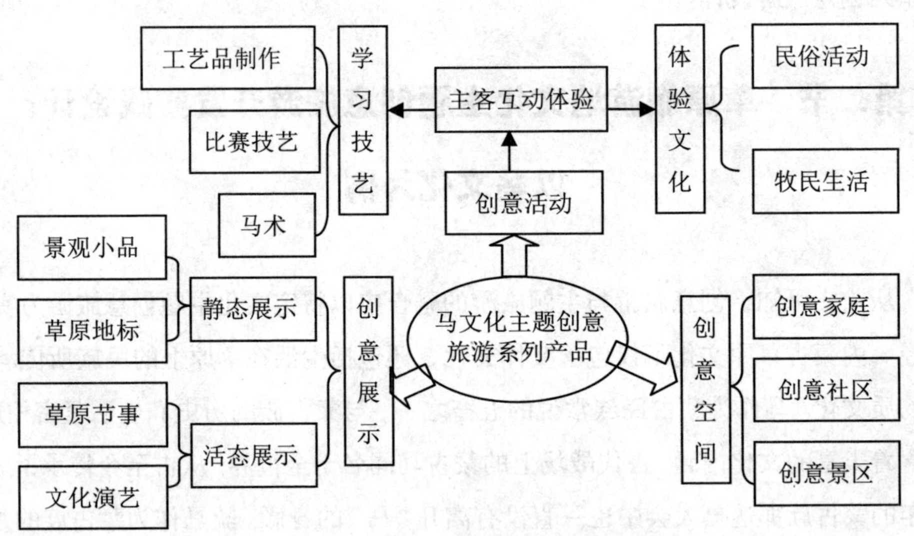


**图7-2 马文化主题创意旅游产品开发框架**

初级产品形态的创意展示以静态的创意文化景观和活态的创意文化演出及文化节庆为表现方式。这类产品具有一定的创意设计，但只属于最低层次的创意旅游产品。创意展示只是用来展示主办方或东道主的意志，让游客欣赏创意成果，没有给其参与机会。就马文化而言，可以设计静态的马文化雕塑和地标景观，也可以策划活态的那达慕大会或马文化民俗节庆。

中级产品形态的创意空间是在创意展示基础上，以旅游地的艺术和建筑为载体来创造创意氛围，使游客置身其中获得深刻体验的创意旅游产品形态，表现形式可以为创意产业园、景区或社区。当前，在草原地区已经出现了“牧人之家”旅游接待点，例如内蒙古锡林郭勒盟还专门出台了“牧人之家”等级评定标准。然而真正的创意旅游并没有展开，打造具有草原文化特色的创意旅游空间必然会有较大吸引力，例如围绕马文化建设马术专业旅游社区、马文化主题创意旅游村镇。创意空间中的活动围绕马文化主题展开，具体活动内容则应呈现非主题化和多样化特点。

高级产品形态的创意活动首先应注重游客参与，充分激发游客主动创意，引导创意产生。具体说，一方面应引导游客参与到草原民俗活动中，体验真实草原马文化，例如体验“牧马人生活的一天”；另一方面，向游客传授马术、赛马等体育竞技及养马、驯马等蒙古民族传统技艺。在这些活动过程中，应注重挖掘游客的创意潜能，包括对民族传统技艺和产品的创意改进与技术引入。

## 二、马文化主题创意旅游的产业链开拓

在产业链拓展上，创意旅游开发必须围绕创意思维的渗透与融入、创意空间的营造以及更多相关产业楔入等方面展开[①]。在创意思维渗透与融入方面，应充分挖掘和利用本地居民的创意想法和旅游者的创意灵感；在创意空间设计方面，应充分考虑以本地文化为背景，打造马文化主题创意旅游社区；在产业楔入方面，应考虑马文化民族工艺品开发、民族文艺创作、影视及更多时尚领域。在马文化产业拓展内容上，应涉及养马、马术、骑马、赛马及相关工艺品制作、马产品生产等多个产业领域。在产业融合上，应围绕蒙古族“男儿三艺”、那达慕大会、马产品生产等方面延伸产业链，加强与文化创意产业、体育产业、加工业和其他服

① 宋河有．创意旅游开发视角下草原非物质文化产业链延伸研究——以蒙古族“男儿三艺”为例[J]．西南民族大学学报（人文社科版），2015（9）：153-157．

务业的融合，在深度上融合产业价值链，在广度上加强农业、畜牧业、制造加工业、服务业的多领域产业延伸。

## 三、马文化主题创意旅游的社区融入

马文化根植于草原社区，是典型的草原文化。对马文化进行创意旅游开发必须高度依赖当地草原社区的融入。因为只有那些根植于草原民间、原汁原味的文化才可能满足旅游者对草原文化内涵的追求并保持持续吸引力。草原社区融入应体现在社区居民、社区文化和社区生活三方面的全面渗透。

草原上的牧民是马文化的主要展现者和传承者，是马文化主题创意旅游开发的主要支撑者。在旅游开发进程中，草原牧民应承担马文化相关的讲解、向导等必要的接待服务工作；在提供马文化创意展示时，当地居民参与表演和文化展示则最具真实性和说服力；同时也应积极传承马相关的草原非物质文化，将传统技艺传授给游客，如传授马术、马产品制作工艺。

草原社区文化体现了真实的草原生活传统、社区精神以及文化观念，具有明显的不可复制性。那些融入社区生活、根植于当地的原生态社区文化是最有吸引力和说服力的旅游要素。为了让游客感受到真实的马文化，就应使其体验草原社区的生活和传统习俗，例如参加草原那达慕骑马比赛；使其有机会学习并设计马文化用品，例如制作马鞍、马靴等马具；还可以引导游客围绕马文化学习草原社区生产技术，深入体验马文化，例如学习喂马、养马、驯马。

牧区社区生活将草原居民和社区文化融为一体，牧民通过真实的草原生活来展现真实的草原文化。伴随着时代发展，马在草原民族生活中的作用和意义也在不断发生变化。经过与草原之外地区的文化交流与涵化，草原地区真实的马文化也只有通过草原社区生活才能得到印证。在马文化主题创意旅游开发中，不仅可以将一些马文化元素设计成创意景观或活态表演，还可以打造专门的马文化牧民之家或创意旅游社区，还可以通过马文化传承人传授地方民族技艺，引导游客参与到社区“牧马人家”的日常生产生活中。通过在社区生活中与游客活动的交融使游客获得“真实”的马文化体验。

## 四、马文化主题创意旅游的经营管理

目前在内蒙古草原旅游开发中，企业化的旅游开发模式仍占多数，多数草原牧民并没有参与其中。这样的草原旅游开发对草原社区经济发展不会起到太大的拉动效应。创意旅游理念的引入则充分依赖草原居民，可以避免将草原社区排除在外。马文化主题创意旅游开发可以采取“企业、政府或民间协会出资、草原牧民主导”的模式，这样可以改变很多草原居民对草原旅游开发持怀疑或不支持态度的现状。首先应围绕马文化形成民间文化团体，传承和发扬相关文化，使其成为创意旅游开发中的东道主力量；在运营管理方面，推动牧民自发形成牧民协会，自发组织临近社区组成创意旅游区，推举有影响力的牧民或民间代表组成牧民合作社，通过合作社或联营模式自主管理；同时鼓励大学生回自己家乡进行创业或参与社区管理，这不仅有利于深度挖掘当地的文化资源，更有利于推进建设美丽草原乡村和草原地区的新型城镇化进程。

## 五、草原旅游地文化主题创意旅游开发实践前景

创意旅游和主题旅游是旅游研究与实践中的热点问题，也是旅游业发展的基本趋势。它们在内涵上有对立的一面，也有统一的一面。创意旅游尤其强调活动的非主题化与灵活化，而主题旅游则注重主题化，但两者在大文化主题下可以实现统一和融合。将创意旅游与主题旅游两大理念融合运用进行文化主题创意旅游开发，是实现旅游产业、文化产业和创意产业融合的理想途径，也可以有效避免旅游发展的雷同化。它们在特定文化背景下实现统一和融合，形成特定文化主题创意旅游形态，这可以更有效地满足旅游接待地和旅游者的主客双方需要。

在内蒙古草原旅游地，创意旅游开发尚没有全面展开。要实现两者融合，首先需要转变社区居民观念，推动其积极融入本地文化创意旅游开发中，因为社区融入是文化主题创意旅游发展的前提和基础。同时，政府应加大扶持力度，逐步引导和指导社区居民参与旅游开发。在围绕草原文化元素展开主题化创意旅游开发时，需要在形成创意展示的基础上，分阶段、逐步升级打造主题创意空间和创意活动。同时需要推动草原社区和牧民积极融入草原文化主题创意旅游运营中，

也需要当地政府加大扶持力度，从资金、组织、政策等方面给予全面扶持。草原文化元素主题化创意旅游开发能有效避免草原旅游发展中的雷同化现象，这是对草原文化旅游转型发展出路的探索，也可对其他地区的旅游开发提供借鉴，应用前景广阔。但如果缺乏政府的倡导、引导和扶持，缺乏社区居民的积极融入，其实现将遥不可及。

# 第八章　草原旅游地创意旅游开发的支持与保障体系

## 第一节　草原旅游地创意旅游开发的支持体系

### 一、创意旅游开发的支持系统

刘春济，高静（2014）研究认为创意旅游的发展有赖于旅游地的多维度支持与融入。创意产业、创意管理、社区基础和旅游活动是众多维度中非常重要的四个方面（如图 8-1 所示）。

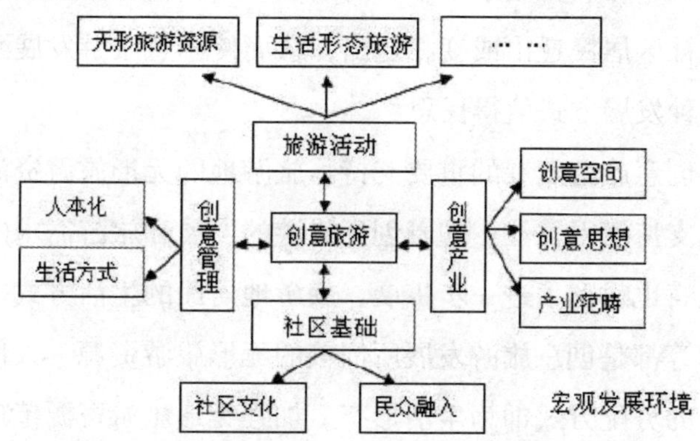


图 8-1　创意旅游发展的支持系统[①]

在创意产业支持方面，主要从产业契入、创意空间营造、创意思想融入等层面为创意旅游发展提供支持。同时，科学、工程学、建筑、教育、设计、艺术、媒体、广告、音乐和娱乐等领域的创意阶层也是创意旅游发展的重要客源基础。创意旅游并不等于创意产业与旅游产业的叠加，所以创意旅游也不应该依赖于依附式发展。

创意管理在创意产业发展中的地位至关重要。人本化、生活方式主导是创意旅游强调的基本内容。创意管理对人本化管理的要求更甚于对科学管理的要求，而生活方式主导下的创意也很有可能替代以生产为中心的创意。人本化管理要求创意旅游真正关注游客的内在需求，避免创意旅游观光化、表面化、口号化；生

[①] 刘春济，高静．论创意旅游发展及其需要处理的几对辩证关系[J]．北京第二外国语学院学报，2014（3）：4．

活化导向则强调感性，强调创意主体的多元化，强调贴近当地人，那些脱离本土生活、高度商业化的空间只会增加界面的生硬性是不利于创意旅游长远发展的。

旅游地社区对创意旅游的支持主要是社区文化和社区民众的融入。这也正是创意旅游发展对社区融入的需求。创意旅游以文化为本位，对旅游地文化具有一定的依赖性。但最有说服力的文化不是浮于表面的文化要素，而应是融入当地生产生活且根植于旅游地的社会文化，即旅游地社区文化。社区文化是当地居民传统习惯、文化观念、社区环境和社区精神的综合体。在乡村地区和草原旅游地，这种文化表达与当地居民生活融为一体，创意旅游者与当地文化密切接触，是非正式学习、感悟式学习、在娱乐中学习的最佳方式。在一些旅游地，为了发展创意旅游而将当地社区居民迁出或变相迁出，从而使创意旅游发展游离于当地社区和民众之外，这种发展方式值得反思。

旅游活动是创意旅游发展的重要支持。旅游地的无形旅游资源和生活形态旅游对创意旅游的支持值得关注。随着创意旅游的发展和旅游需求的持续革新，创意旅游资源的范畴也得到了进一步扩展。旅游地居民的生活方式、传统习俗、氛围、创意、媒体等都是创意旅游发展所依赖的无形旅游资源。人们在生活中对时间、金钱、精力的分配方式即为生活形态。加强无形旅游资源范畴的拓展，推动现代生活形态旅游发展，都有助于创意旅游的进一步深化。

## 二、草原旅游地创意旅游开发的体系框架

创意旅游以文化旅游为本位，从前文所述可知，草原旅游地创意旅游开发其实是对草原文化旅游的深化开发。草原旅游地创意旅游开发涉及草原旅游地文化资源的发现与挖掘，以文化元素为基本的旅游资源。草原文化资源包括草原旅游地的物质文化、行为文化、制度文化和精神文化。以这些文化元素为本地开发旅游产品，即形成草原文化旅游产品。创意旅游产品则是对草原文化旅游产品的转型升级。从草原文化创意景观展示、草原文化创意空间与氛围塑造到创意活动，可以打造不同的创意旅游景区，也可以构建创意旅游社区、创意旅游主题村或特色小镇。在这不同形态的创意旅游产品开发过程中，必须全方位实现草原文化创

意旅游产业链延伸。这其中的参与者可能包括当地政府、旅游投资企业或个体、草原社区及其居民或民间组织团体。而运营模式可能有政府主导式、企业主导式、社区主导式或社团组织主导模式。不同的草原旅游地都具有不同地方个性文化资源，投资主体和参与主体也可能各有不同。但无论如何，每个草原旅游地都应做到因地制宜、避免雷同化、避免泛滥化和庸俗化，选择适合自己的合理运营模式，最终使多方利益相关者从中受益。

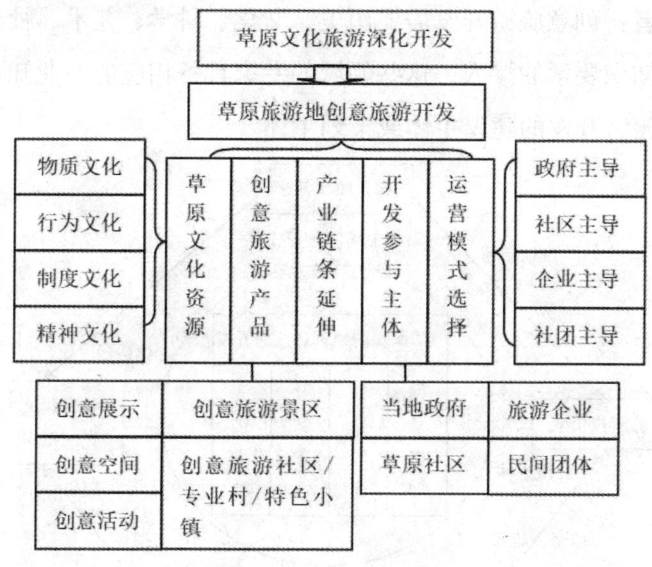


图 8-2　草原旅游地创意旅游开发体系框

## 三、草原旅游地创意旅游开发的利益相关者

在草原旅游地进行创意旅游开发，直接支持体系涉及创意管理、创意产业、当地社区融入和当地文化资源等支持要素，而当地政府、旅游投资与运营者、旅游策划者、当地社区居民与民间组织都是利益相关者。这些利益相关者只要在思想上达成一致，在行动上共同努力，自然可能实现各方利益最大化。

当地政府部门：当地各级政府通过旅游政策、法规和资金为草原旅游地创意旅游开发和草原文化的旅游化保护提供支撑，并承担监督监管职能。

旅游投资者：旅游投资者可能是外来开发者，也可能是本地开发者，他们不仅是当地文化旅游化保护的经济利益获得主体，更是创意旅游开发与运营的执行主体。

当地社区居民与组织：当地社区是历史记忆、地方传统文化和古建筑布局等要素的统一体，它是地方传统文化的综合载体。当地居民更是传承着当地的草原文化。当地社区居民及其组成的民间组织是创意旅游可持续发展的真正主体力量，也是草原文化的传承者。

旅游策划者：创意旅游开发需要历史、文化、科学、艺术、社会、经济、旅游等领域专业知识要素的渗入，这些领域的专家具备相应的专业知识，他们是草原旅游地创意旅游开发的建议主体或策划主体。

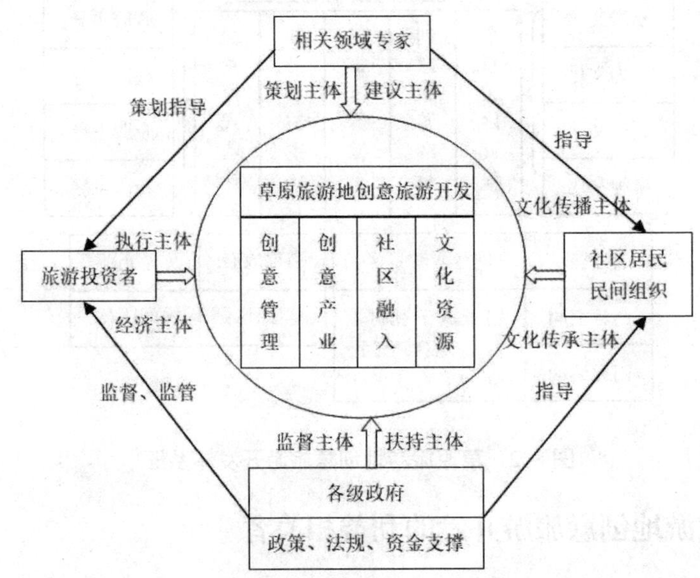


图 8-3　草原旅游地创意旅游开发的参与主体

## 第二节　草原旅游地创意旅游开发中的文化生态保护

### 一、文化生态的含义

草原文化作为一种社会文化形态，是一个旅游地区别于其他的本质，也是吸引旅游者的重要因素。文化生态的提出是站在生态学和系统观的角度，对文化这一系统的状态及延续机理进行描述和研究。文化生态是一个相对于自然生态的概念，其提出很大程度上也是受到了自然生态的启发，它得益并依存于自然生态，但是要比自然生态复杂得多。最早以美国人类学家斯图尔德为代表创建的“文化生态学”观点认为，文化生态是指人类的文化和行为与其所处的自然生态环境之间的相互作用。之后，学者们从文化哲学的角度将文化与环境分离，将文化生态视为和自然生态平行、对立的概念。学者们自然生态学概念类比到文化生态学，给出了文化生态学的研究范畴，“文化如同一个生命体一样，具有生态特征。在一定历史时期，这个体系内部各个具体文化形式之间存在着相互影响、相互作用、相互制约的方式和状态。和自然生态一样，文化生态系统内部的各种具体文化形式不可避免地交互融通，形成环环相扣的文化链。其中一个因素、一个环节的变化，往往会带来一连串的连锁反应，甚至导致社会总体文化结构的深刻变革”[①]。

文化作为一个旅游地的标志，是区别于其他并得以延续的源泉，也是创造文明的原液。具体的讲，草原旅游地文化生态可以从以下几个方面理解：

按照系统观点，草原旅游地文化生态这个系统中，既包含有形的物质层面的文化现象，如人们的服饰、建筑、饮食等，也包含无形的、层次较深的制度和精神（哲学）范畴。制度文化包括人们在生活、生产过程中形成的各种节庆、民俗和使用的制度体系，精神文化则是旅游地居民根深蒂固且最核心的特征，如宗教、信仰、人生观、世界观等。且在草原文化生态系统中，表层的物质层面最不稳定，会经常受到外来文化的影响和干扰。而精神层面的文化则相对稳固，也是旅游地文化得以延续的根源和本质。这三个层次文化的内在联系十分紧密，它们相互影响，物质和制度层面的文化是精神层面文化的表现，同时也对精神层面的文化有着潜移默化的影响。而精神层面的文化则是物质、制度层面文化的根基和源泉。

由于文化生态系统内部各个具体文化形式具有关联性，其中任何一个层面的文化形式发生变化，都将对其他层面、其他文化形式产生影响，甚至造成社会总体文化结构的深刻变革和变迁。因此，在保护草原旅游地文化生态时，应从文化

[①] 张冠群．浅析民族地区旅游开发中的文化生态保护问题[J]．内蒙古师范大学学报（哲学社会科学版），2013（3）：113．

的整体性出发，通俗地讲，即无论是服饰、饮食，还是信仰、制度等，都应予以重视。

文化生态系统在一定条件下具有一定的自我维持和调适功能。外来文化在一定程度上会对草原文化产生影响，即发生“涵化”作用，引起旅游地文化变迁。但是，草原旅游地文化生态在一定条件下具有一定的自我维持和调适功能，旅游业开发就是其中的一个条件。在旅游业发展初期，接触外来文化的机会增多。但随着旅游业的发展，当地居民便会认识到本地文化的价值，可以说，旅游业的发展更加深化了对旅游地文化的“自省”。可见，旅游地文化对外来文化是要经历“接受——自省——排斥”这一过程，并在不断的调适中找回对本地文化的自我认同感。

草原旅游地的文化生态性与地区环境状况密切相关。这里的环境其实是一个广义上的概念，既包括生态等方面的自然环境，也包括人文等方面的社会环境，这些也是造就旅游地文化地域性的关键因素。草原文化的生存空间就是草原地区的自然和社会环境，当其赖以生存的自然和社会环境遭到破坏时，无疑会使草原文化的生存空间受到限制，进而对草原文化的生态性产生致命的损害。因此，不论从文化、旅游或者其他方面的发展需求角度来讲，草原地区更需要探寻一条“人、生态、自然、社会”和谐的道路。草原文化生态系统是一个不断发展的动态过程。人的生存环境是不断发生着变化的，草原地区也不例外。在现代化和城市化的影响下，草原文化的特定生存环境也要发生变化。因此，“原锅原灶”的保护草原文化生态系统是不可能也不实际的。在这种情形下，我们必须清楚认识到草原地区自然及文化生态系统的动态性。同时，保护草原文化生态性并不完全等同于保持传统原始面貌、永远守旧，而是一种草原文化在原有内核及本质下的振兴和发展。特别是旅游业进入草原地区后，一味的要求草原旅游地保持原状是不可能的，一方面，当地居民有追求现代生活方式及享受现代社会发展成果的需求及自由；另一方面，从旅游者角度，他们一方面希望体验到原生态的草原文化和风情，但另一方面也需要当地能够满足现代人出行的需求，具有“家”一般的便捷。因此，如何在先进的现代文化大趋势下，保存及彰显草原特色文化正是我们保持草原文化生态性所要追求的目标之一。

## 二、草原旅游地文化生态保护的重要性

草原旅游地作为蒙古族文化占主导的民族地区发展旅游业具有独特的吸引力，并且成为宣传本地草原文化、完善当地基础设施、提高当地居民生活水平的一个重要手段。更重要的是，旅游业在一定程度上促进了草原文化的保护和宣扬。但值得注意的是，正当草原文化旅游如火如荼地进行中时，草原地区的文化生态也受到了不利影响，其表现可概括为以下几点。

第一，外来文化带来了新的生活方式，将影响草原地区居民的价值取向，进而使草原文化在文化的表现和形式上出现消退，发生文化变迁。特别是在旅游业开发初期，这种影响尤为突出。文化的变迁指的是新文化的增加或旧的传统文化的改变，是受科技水平、社会发展状态、意识形态及政治组织等因素交互影响的。需要说明的是，将一个地区的文化变迁完全归咎于旅游业并不完全合理。试想，没有发展旅游业的草原地区是否存在这种文化的消退，答案的肯定的。因为现代化及城市化的发展都会对草原文化产生影响。只是，旅游业的影响会更加迅速，表现得更加明显，程度可能也是更深的。

第二，草原旅游业发展会引起当地环境发生变化，直接影响草原文化的生态性。主要表现为几个方面：一是自然生态环境遭到破坏。原先的青山绿水、原生环境可能被旅游接待产生的各种垃圾、污水等破坏，从而引起草原文化生态受到影响；二是社会环境发生改变，影响其文化生态。原本静谧的田园可能被拥堵的人潮所影响，人们的生活、生产方式发生改变，田间劳作被旅游接待取代。再加上人们的社会关系、生活节奏等也发生了变化，这一系列社会环境的改变都将使文化生态随之改变。当外在生活环境发生变化后，很难保证文化还能保持其生态性。

第三，现代商业文化促使当地居民的价值取向发生严重改变。而居民价值取向的改变又将潜移默化地影响着草原文化生态体系，进而影响旅游吸引力的持续性，进入一个“由旅游业受益——价值取向改变——文化生态受影响——文化旅

游吸引力受影响”的怪圈。旅游业进入后，居民很快尝到了旅游业发展带来的甜头，通过从事旅游业所得的经济收入可能比之前从事第一产业多好几倍，并且见钱迅速。在这种情况下，很少人愿意再从事传统的第一产业，更多的人愿意从事到旅游接待中，这将使居民自身价值取向也随之发生变化。

如前所述，文化内部本身具有连带效应。毫无疑问，草原旅游地居民身份的转变将带来当地草原文化方面一系列的变化。目前很多草原地区发展旅游业面临的一大问题就是市场过剩导致的竞争十分激烈，甚至已达到市场混乱的境地，居民蜂拥投身到旅游业中赚取利益，而抛弃传统劳作方式。事实上，即便是传统的劳作方式在很大程度上都是草原地方文化的一种象征和草原文化体现的载体。这种价值取向发生变化的直接后果就是很多宝贵的草原文化形式濒临消失。从长远上看，将直接影响草原地区文化的传承，进而影响旅游业的长远发展。

## 二、草原旅游地文化生态保护对策

### （一）保护草原地区文化生态场景

创意旅游活动的开展离不开原生态的草原文化场景和空间氛围。文化的传承与发扬需要一定的土壤，而这个土壤就是承载文化的自然生态环境和社会环境。特别是草原地区，草原原生文化的传承和延续更需要与之对应的原生场景，而这个原生的场景就构成了草原地区旅游业发展和草原文化得以彰显的大环境和大背景。正如贵州一些苗族聚居区，高低错落的梯田和依山而建的吊脚楼为苗族文化的延续提供了场景，内蒙古深厚的蒙古族文化及草原旅游更是要依托大草原和草原上牛羊、蒙古包，也正是这些承载草原文化的场景为其旅游业的发展提供了大环境和大背景，也构成一项重要的旅游吸引物。同时，反映其制度体系的社会环境对文化生态的持续保护与振兴也至关重要。因此，保护生态文化赖以生存的自然生态环境与社会环境是保护原生文化的前提。这就要求草原地区在发展旅游业时，始终要坚持保留并发扬当地本身的地格特征，在进行必要的景观改造和建设时，必须依托原有景观及其特征，尤其避免将外来景观植入草原族地区。可以说，对草原文化生存所依托的原生场景进行保护，即保护并尊重草原地区当地的原生生态环境。且保护也需要用发展的眼光在保护中实现草原文化的振兴。

### （二）以社区利益保障机制推动当地居民积极保护草原文化生态

草原文化生态的保护离不开当地居民的全面参与。社区居民是文化的载体，也是文化的传承者和演绎者。只有保障好他们的利益才能保证对自我文化的自觉，才能使草原文化得以延续。因此，在草原旅游地创意旅游开发中，必须建立全方位、完善的草原社区居民利益保障机制，在居民利益保护的面上进行拓宽，使直接与间接参与旅游业的居民都能从中获益。一方面要发挥旅游规划的功效，布局好业态，扩大就业面，让村民参与其中，直接受益。在这个环节要注意几点：一是草原地区的旅游业态应能够代表并凸显该地区的文化特色，无论是餐饮、旅游纪念品、当地建筑风格的“家庭式”住宿接待等都要能够代表这一地区的文化特色；二是直接参与的旅游接待人员应尽量源自当地居民；三是对于直接参与旅游接待的社区居民在数量、质量上都要予以科学的控制和管理，避免数量过多造成的过度竞争和市场混乱。另一方面，对于不能直接旅游开发中的农牧民也要加强对其补贴，保证间接参与旅游业中的村民享受到应有的利益。这里的间接参与主要是指没有直接参与到旅游接待中，而为当地营造一种原生态的旅游环境和背景。可以说，这部分社区居民是至关重要的，因为他们一方面要为旅游活动的开展营造氛围，包括人文氛围和景观氛围；另一方面，还承担着文化生态延续的重任；同时，还可以为当地旅游接待提供原生态的农产品，是旅游业发展的“后勤保障中心”和“接待服务中心”。现实中这部分人往往处于旅游受益范围之外，其作用、利益在现实中经常被忽略。政府在保障这部分居民利益的作用非同小可，必须针对这部分人建立一定的居民利益补偿机制，从多角度保障社区居民的利益。

### （三）以文化传承与发展机制保护草原文化生态

对于草原地区文化生态的保护和传承，同样需要建立科学、合理的文化传承与发展机制。一是政府要为草原文化的市场需求方面提供详尽的信息。草原文化的传承和发展与社会需求是密切相关的，如果失去社会需求，草原文化就会消失。如汶川地震后，羌绣作为世界非物质文化遗产，已成为推动新北川发展、带动北川人创收的一项重要文化产业。正是由于不少受灾群众从绘制羌绣作品找到了经济来源，才对羌绣这个羌族文化形式的传承与发展产生了巨大的推动作用，而这一切的根源在于羌绣的市场需求和价值是明了的，“产——销”信息是透明的，羌绣作品在市场上的价值可达到几百到几万几十万。目前，很多北川人自愿参与到羌绣制作当中，有的还开办了羌绣的厂子，并且羌绣本身在表现内容、色彩运用、技艺等方面也得到重大的发展，从长远上是有利于羌族文化振兴与发展的。二是建立完善的激励机制，这是促使文化生态性能够持续的根本，运用激励机制可以促使文化传承者对文化生态保护确立积极、稳定、持久的追求。特别是一些濒临消失的文化形态，如民间手工艺、民间特色节庆、艺术等，应该通过一定的激励手段来确保其得到流传。三是要找准文化传承的载体，对于草原地区，最基本的一些载体包括服饰、饮食、语言、传统手工艺、节庆、习俗、信仰、制度等，在草原旅游地应大力的弘扬本地特有的东西，只有地方特有的，才是特色的。

**（四）打造草原地区社区文化新生态**

除了积极保护优秀的传统文化生态资源之外，草原旅游地在进行创意旅游开发过程中还应丰富当地居民新生活，打造鲜活的草原文化新生态。草原文化需要一定的形式来展现与巩固。传统的节庆、民俗及民间传统都是草原文化中十分重要的元素。要更好地保护和传承，就应该考虑将这些文化形式融入草原地区社区居民的生活当中。通过深刻挖掘、恢复并组织原有的一些草原文化活动，既是丰富草原社区居民文化生活重要途径，也是加强草原社区居民对自我文化认同与珍视的重要手段。将草原地区传统文化的弘扬与现代精神文明建设结合起来，有利于草原地区文化生态的持续发展与振兴。

## 第三节　草原旅游地创意旅游开发的保障体系

创意旅游开发可以为草原旅游地文化旅游发展找到新的出路。但是，并不是所有的草原旅游地都适合进行创意旅游开发。因为成功的创意旅游开发是需要具备一定条件的。很显然，草原旅游地多属于民族旅游地，每个草原旅游地都有自己的特色文化和文化空间，甚至草原社区本身就是特色旅游资源，这使得草原社区在参与旅游发展时具有得天独厚的优势。然而，草原旅游地社区在参与旅游开发时常常是“要钱没钱、要人（才）没人（才）”。悲观论者认为，既然少数民族社区缺乏钱财和人才，那就只能慢慢发展，没有捷径。笔者认为，只要当地政府、草原旅游地社区居民自身以及旅游策划者一致努力，完全有希望使草原社区从“边缘化”状态走向“中心化”主导地位，不仅能实现草原旅游产业快速发展，同时更能充分展现地域特色，使草原旅游业真正成为草原社区居民主导的草原经济产业。草原旅游地社区作为真实的草原文化空间，它承载和传承着草原居民的优秀传统文化和真实的现代文化。草原社区居民在挖掘利用草原文化资源方面具有独特优势，解决资金和旅游人才问题，加上当地政府部门的政策引导与制度规制，这是草原旅游地创意旅游开发的重要保障。

## 一、草原旅游地创意旅游开发的资源保障

### （一）草原文化资源保障

创意旅游以文化为本位。虽然创意旅游的开展并不完全依赖大量的有形实体，但需要具有旅游地个性的地方文化资源，尤其是非物质文化资源作为文化资源支撑。在广袤的草原地区，少数民族聚集地在历史长河的洗礼之下，逐渐形成了具有地方个性的草原文化。但也有些草原旅游地在历史演变过程中逐渐成了汉族聚集地，缺乏传统草原文化底蕴。草原旅游地进行创意旅游开发的核心价值在于弘扬优秀的草原旅游地传统文化基因。所以，草原旅游地传统文化资源丰富，尤其是草原非物质文化遗产得到有效传承的草原旅游地，应是开展创意旅游的重要选择之地。在具体的草原旅游地，如果只有典型的草原文化建筑遗产，而缺乏高知名度的非物质文化遗产，这样的旅游地进行创意旅游开发不但难以获得成功，而且很可能会造成大量的人力、物力和资源浪费。

### （二）草原文化生态保障

创意旅游的开展也离不开草原旅游地社区生活环境和优良的草原生态环境。

首先，文化的传承和发扬离不开当地社区及其居民。草原旅游地文化最珍贵的价值在于其原生性和真实性，而不是现代化的仿造。草原旅游地创意旅游开发是要让包括传统生产、生活方式在内的草原社区原生态文化“活着”并延续着，这是创意旅游活动开展的核心与精髓。创意旅游是在不影响当地人生产生活的前提下进行的，是与当地人的生产生活相融合的。只有留住草原牧区居民，保护其原有的生产生活场所，才能保持草原社区的原生活力。这是创意旅游开展的社会环境保障。在当前的全面城镇化发展背景下，要留住草原旅游地原住民是比较困难的，因为他们大多数还在向往城镇化生活。这就需要打造宜居环境持久留住草原旅游地居民。对草原旅游地进行创意旅游开发，开发得当的话，首先可以使本土居民积极参与其中，并因此提高生活水平。草原荒漠化现象和现代放牧制度改革，加上旅游产业政策的扶持，促发了草原居民生产生活方式的旅游化演变。随着村民生活水平的提高，他们会产生向外搬迁居住的意愿，并可能搬到城镇中居住一段时间才会意识到草原乡村环境的珍贵。

其次，草原旅游的发展本身就离不开优良的草原生态环境。在进行创意旅游开发时，不但要保护传统的原生态自然环境，还应在打造草原生态环境上下功夫。创意旅游开发是保护草原传统文化的手段，也应是提高草原居民生活质量和幸福指数的手段，只有创造了比城镇化更优越的生态环境，才可能长久吸引草原旅游地居民。总之，如果有优良的草原自然与社会生态环境和传统建筑景观以及知名非物质文化遗产共同支撑，则更容易形成品牌效应。否则，盲目跟风进行创意旅游开发则可能导致失败。

## 二、草原旅游地创意旅游开发的人才保障

### （一）创意旅游从业人才的吸引

草原旅游地创意旅游开发的最关键难题是旅游人才问题。如果草原社区参与旅游发展只有参与人数，只有普通劳动力资源，那只能是停留在为别人打工的情境。创意旅游开发与运营必然离不开创意旅游从业人才。从消费需求视角看，创意阶层在现代社会中变成了越来越大的市场群体。对草原旅游地而言，在创意旅

游开发中最重要的并不是投资规模，而是旅游创意。只要有好的创意，就算是投资不多，也同样可以实现高额回报。在追求真实性和原生态草原文化的旅游需求逐步旺盛的情境下，有创意、能充分体现草原原生态文化的草原旅游产品正变得越来越有生命力。

草原旅游地必须吸引能够胜任创意旅游接待的创意人才。解决人才问题的第一条出路就是引进创意旅游专业人才。虽然每年有大量旅游类专业大学生毕业，但他们普遍不愿到经济相对落后、位置相对偏远的草原社区去就业创业。这就需要当地政府制定积极的人才吸引政策，一方面吸引外地人才前来就业创业，另一方面重点号召和吸引草原旅游地本土大学生回乡就业创业，带领乡亲们共同致富，建设自己的家乡。

首先，可以依托内蒙古本地高校和教育培训机构培养创意旅游专业人才。内蒙古地区的旅游高等院校、艺术类高等院校都可以培养。在培养过程中，高校应侧重于启发和研讨式教学，通过主题研讨、合作学习等方式启发人才创意思维，提高创意能力。同时，草原旅游地政府还可以启动“创意旅游人才培养工程”，引进国内外著名培训机构，借助“外脑”培养本土创意人才。

其次，构建“产、学、研、用”一体化的创意旅游人才培养机制。将创意旅游企业已有的人才、高等院校校外实训基地、草原旅游地创意旅游培育基地实现合作共赢，根据市场需求培养专业化创意旅游人才。

### （二）本地社区居民的融入与培养

解决创意旅游从业人才的第二条出路就是推动草原旅游地社区居民的充分参与和自我成长，实行自救。

首先必须要保障当地社区的充分参与，必须保障当地社区居民的绝对主导地位。随着草原地区的旅游业发展，草原社区成为草原旅游实践中备受关注的对象。草原社区是草原旅游发展的基础支撑，草原社区居民是草原旅游地的天然主人。然而在现实的草原旅游发展实践中，草原社区却常常由于各种原因而处于“边缘化”状态。即便是在很多相对成熟的草原旅游地，草原社区居民也往往并不是草原旅游发展中的真正决策者与主导者。随着社区生活空间、文化空间在一步步走向旅游化，草原社区居民自己却无法成为草原旅游发展的真正主导者。草原社区居民是草原旅游地的持久主人，也是草原文化的传承者。草原旅游地居民是创造草原文化的主体，也是草原文化传承的主体，同时也是应该得到尊重和保护的对象。包括旅游化保护在内的任何保护方式都应该首先确立村民的绝对主导地位。但对于草原旅游地，最关键的是利用当地居民自身能量发掘本地独有的非物质文化遗产，使其在文化传承中发挥魅力，并为旅游发展提供持续支撑。

其次，必须积极培育本地的创意旅游从业精英。如果草原社区居民有高水平的旅游人才，也有可能实现“少花钱、多办事”，进而振兴草原旅游业。然而现实是，草原旅游地社区居民普遍受教育水平有限，精英类居民人数有限，整体上缺乏具有高水平旅游发展思维的本地人才。所以即便是草原社区居民参与旅游业的人数规模巨大，但在旅游发展决策方面始终处于从属地位。由于缺乏自主进行旅游开发建设和运营管理的资金和专业人才，草原社区常常在旅游发展中失权，长期处于“边缘化”状态。大多数居民常沦落为旅游业中的打工一族，即便是有少数精英居民自主进行旅游创业，也常常由于投资能力有限，无法与外来投资商的大型投资项目相匹敌。这需要当地政府、基层行政单位、一些民间协会和社区精英发挥积极作用，自发组织旅游培训学习，提高其旅游开发与经营管理水平。古人云：求人不如求己。草原旅游地社区居民自身的旅游开发与运营能力提升才是真正实现社区增权的法宝。

## 三、草原旅游地创意旅游开发的资金保障

缺乏资金是广大草原旅游地普遍面临的客观现实。虽然国家不断实施旅游扶贫战略，并对一些草原社区实施资助扶持，但这对广袤无垠的草原地区而言恐怕只是杯水车薪，无法从根本上解决所有草原社区的长久发展问题。在旅游开发中，资金投入规模往往决定投资者在旅游决策与运营中的地位。而草原社区居民由于缺乏大规模资金用于旅游开发，所以长期以来，草原社区虽然逐步融入到了草原旅游发展中，但却始终无法成为真正的决策者。

实施创意旅游开发的资金筹措有多种途径可选，可以吸引外来资金的注入，但最佳选择是当地居民自己出资、自发组织、自我管理。但有些草原旅游地不具备这样的条件，可以选择政府出资扶持或引入企业资金。但在运营决策中，必须保证本地居民的绝对主导决策权利，使其真正成为创意旅游运营进程中最可依靠和最应依靠的主体。这是可持续创意旅游的首要保障。

解决草原旅游地创意旅游开发的投资问题，关键是提高草原社区居民在旅游投资建设中的投资比重，使其在旅游决策拥有主导权。以往政府、企业和社区民众联合投资的方式仍然可以采用，但需要确保当地社区居民的投资比例占据优势，以此实现草原社区在旅游决策中增权。在股份制旅游企业中，当地居民可通过投入土地、某项资源、财产等旅游要素的形式获得相应股份。如果本地居民有能力自主进行投资建设，则可以通过旅游合作社、旅游委员会、村民委员会等组织形式自发组织联合投资经营。只要措施得当，旅游投资问题并不难解决。

## 四、草原旅游地创意旅游开发的政策与制度保障

草原旅游地创意旅游开发需要当地政府的科学引导和政策与制度支持。需要政府号召和帮扶居民积极参与，从物质到非物质以及全面带动草原社区文化建设与经济社会发展。

### （一）制定创意旅游开发扶持政策

当地政府应针对创意旅游开发制定旅游投资优惠政策、人才吸引政策和奖励政策。政府需要制定相应的制度来规范草原社区居民和外来企业的商业化行为，同时进行相应的宣传教育，使草原居民和旅游开发企业意识到草原原生态文化的传承与保护才是草原文化旅游可持续发展的根本保证。

当地政府还必须制定并实施创意旅游智力扶贫制度。旅游扶贫的重点不是资金扶持，关键在于智力帮扶。当地政府应设立旅游智力扶贫专项资金，通过文化旅游管理部门组织实施旅游智力扶贫活动。不应把扶贫资金直接发给做旅游的农牧民，而应帮其学习旅游开发与运营方法，提升旅游接待与运营管理能力。地方政府还需制定相应的人才吸引政策，吸引外地人才来就业创业，同时重点鼓励本

土大学生回乡就业创业。基层政府、行政单位应响应和配合实施旅游助推乡村振兴战略，督促和组织农牧民参加草原旅游地创意旅游开发与管理培训学习。政府部门可以选调、选聘旅游专家定点扶贫，还可以实施旅游院校对口帮扶项目。

**（二）探索创意旅游运营和利益分配机制**

对创意旅游开发的草原旅游地，需要政府的资金扶持和科学引导。对于“如何实施创意旅游开发”“创意旅游开发的配套条件是什么”“创意旅游的运营机制”“创意旅游发展的利益分配机制与模式”，这些问题都需要政府给予明确地指导，甚至制定相应的政策与制度。政府应委派专家指导每个社区围绕农牧民生产生活中的文化元素开发主题不同的体验式旅游产品，还可以指导不同农牧区专门做某一特定产业，围绕该产业进行深度谋划，开发主客互动型创意旅游项目并衍生出旅游附加品。

各地农牧民都可以围绕生活中的衣食住行等草原文化元素展开创意旅游开发，也可开展农牧业主题创意旅游活动。让游客通过亲身参加草原文化习俗和传统技能的学习，在主客互动的学习过程中产生兴趣和创新灵感，让其尝试亲自制作产品，最终对草原文化形成深刻体验。这可为全域旅游、四季旅游和乡村振兴战略的推进助力，还可以增强草原文化传播力。

**（三）建设区域创意旅游发展数据库**

对于实施创意旅游开发的草原旅游地，为了避免“同质化”和“雷同化”，就需要把差异化理念时刻放在第一位。政府可以创建本地区域旅游数据库，确保每个创意旅游地实现主题差异化。该数据库应对政府、农牧区、旅游景区、游客实施信息共享。同时政府应派专人负责及时更新信息，实现旅游信息网络化和同步化。

每个旅游地需要分析草原旅游地环境与当地社区居民的内在关联，需要协调好旅游开发与现实生活的关系，需要因地制宜，实现对有形建筑和非物质文化资源的“主题化”利用。每个实施创意旅游开发的草原旅游地都应根据本地属性抓住自己的个性文化，在原生态环境下打造具有本地文化风格的主题社区，应避免

“大而全”的大面积人工建设，避免城镇化建设，而应注重草原旅游地文化的活态保护与传承。

在旅游主题选择上，草原文化中有无数文化元素可以开发和呈现，每个苏木或嘎查都可以选择本地农牧民生产生活中有特色的具体事物作为主题，例如围绕蒙古靴主题可建设蒙古靴主题景区和主题社区旅游线，根据蒙古靴的产生与发展演化历史、生活使用、制作工艺、形态类型等内容从静态展示、活态演艺到主客互动实施主题旅游开发。同时当地政府必须发挥宏观监督和指导作用，在掌握总体信息基础上确保各区块旅游主题差异化，最好做到各区域的旅游主题各不相同。每个地方都可根据自己的资源优势发展农牧区旅游，打造各具特色的草原文化主题社区，形成主题旅游片区或廊道。农牧区旅游真正做到差异化和精品化，草原旅游就有了长久生命力。

当地政府还应建设专门的旅游信息服务与管理平台，实现信息服务终端、手机 APP 在线信息查询、互动、预订与评价功能；还应重点与马蜂窝、穷游、驴妈妈等旅游网进行合作，扩大信息传播范围；同时还应构建旅游信誉网络评价系统，使游客能对旅游活动和服务质量进行在线监督和评价。通过旅游管理部门和游客的监督以及景区社区自我管控，不断提升草原旅游接待水平，杜绝欺客宰客、消费不透明的市场乱象，形成草原旅游诚信环境。

# 参 考 文 献


[1] 张玉蓉，郑涛．创意旅游：理论与实践[M]．成都：西南财经大学出版社，2014．

[2] 原勃，白凯．创意旅游理论及实践[J]．城市问题，2008（11）：97-101．

[3] Richards G，Wilson J．Developing creativity in tourist experiences ：A solution to the serial reproduction of culture？[J]．Tourism Management，2006，27(6)：1209-1223．

[4] Richards G，Wilson J．Tourism，Creativity and Development [C]．London：Routledge，2007．

[5] Grey Richards．Creativity and Tourism [J]．Annals of Tourism Research，2011，38(4)：1225–1253．

[6] 赵玉宗，潘永涛，范英杰等．创意转向与创意旅游[J]．旅游学刊，2010，25（3）：69-76．

[7] 冯学钢，于秋阳．论旅游创意产业的发展前景与对策[J]．旅游学刊，2006，21（12）：13-16．

[8] 厉无畏，王慧敏，孙洁．创意旅游：旅游产业发展模式的革新[J]．旅游科学，2007，21（6）：1-5．

[9] 厉无畏，王慧敏，孙洁．论创意旅游——兼谈上海都市旅游的创新发展思路[J]．经济管理，2008（1）：70-74．

[10] 周钧，冯学刚．创意旅游及其特征研究[J]．桂林旅游高等专科学校学报[J]．2008，19（3）：394-397，401．

[11] 刘春济，高静．论创意旅游发展及其需要处理的几对辩证关系[J]．北京第二外国语学院学报，2014（3）：1-6．

[12] 张胜男．文化旅游与创意旅游比较分析[J]．旅游论坛，2014，7（6）：7-11．

[13] 宋河有．国内创意旅游研究进展与展望[J]．现代城市研究，2016（8）：112-117．

[14] 崔国，褚劲风，王倩倩等．国外创意旅游内涵研究[J]．人文地理，2011（6）：

24-28.

[15] 冯学钢，于秋阳. 论旅游创意产业的发展前景与对策[J]. 旅游学刊，2006，21（12）：13-16.

[16] 钱丽芸. 基于动力机制的旅游创意产业发展研究[D]. 厦门：厦门大学硕士学位论文，2009.

[17] 李庆雷，张丹宇. 文化遗产地创意旅游产品开发研究[J]. 三峡大学学报（人文社会科学版），2014，36（1）：37-41.

[18] 高静，刘春济. 论创意旅游——兼谈上海都市旅游的提升战略[J]. 旅游科学，2010，24（3）：12-19，38.

[19] 潘海颖，张莉莉. 创意旅游之内涵特征、构建图谱与发展前瞻[J]. 旅游学刊，2019，34（5）：128-136.

[20] 张胜男. 创意旅游发展模式与运行机制研究[J]. 财经问题研究，2016（2）：123-129.

[21] 王欣. 文化价值主张的构建与输出——文化创意旅游的核心内涵与功能探讨[J]. 暨南学报（哲学社会科学版），2015（10）：146-152.

[22] 宋河有，张冠群. 民族旅游场域中的东道主族群符号边界变动[J]. 北方民族大学学报（社会科学版）：2019（6）：58-63.

[23] 张冠群. 民族旅游场域中文化符号系统的构建——以草原旅游为例[J]. 青海民族研究，2019（1）：71-75.

[24] 孙丽坤. 少数民族地区非物质文化与旅游产业价值增值研究[J]. 大连民族学院学报，2013，15（6）：620-622.

[25] 艾琳，卢欣石. 草原旅游业中非物质文化遗产资源利用初探[J]. 草业科学，2009，26（9）：1-6.

[26] 尹贻梅. 创意旅游：文化旅游的可持续发展之路[J]. 旅游学刊，2014，29（3）：9-10.

[27] 刘敏，陈田，钟林生. 草原旅游文化内涵的挖掘与提升——以内蒙古自治区为例[J]. 干旱区地理，2006（1）：156-162.

# 后　记

本书以我2014年以来关于创意旅游研究形成的系列论文成果为本底，在进一步进行理论解析与归纳的基础上勾勒出了总体写作框架。而在写作过程中，我还将自己以往关于民族旅游问题的一系列研究成果和思想融入其中，也将针对草原旅游地文化相关的横向课题研究成果进行了有选择性地引入。此外，还参阅了国内外部分相关文献成果，对本书的内容体系进行了修补和完善。

从2018年对全书的初步立题开始，历时三年，最终成稿。本书稿的完成只是我们对草原旅游场域中的文化旅游、创意旅游、民族旅游等一系列研究领域的阶段性归纳和总结，当然这并不是结束。在未来的学习和研究中，我们还将继续关注内蒙古草原旅游和文化旅游发展进程中的更多实践现象和问题，继续关注我国西部地区的旅游业发展。

由于作者知识水平和研究水平有限，不当之处在所难免，恳请学界同仁给予批评指正。

作　者

2020年12月8日